잔혹한 세계사

테리 디어리 글 ☠ 마틴 브라운 그림 ☠ 남경태 옮김

문학동네 어린이

옮긴이의 말

인문학의 다양한 갈래 중에서 가장 근본적이고 포괄적인 학문을 꼽으라면 단연 역사다. 역사는 과거의 철학, 언어, 경제, 정치를 다루는 학문이기 때문이다. 오늘날의 철학, 언어, 경제, 정치는 모두 미래의 역사가 된다. 그뿐 아니라 역사보다 훨씬 중요하게 생각되어지는 영어나 컴퓨터까지도 미래의 역사 중 일부분이다.

이렇듯 우리 삶의 모든 부분을 다루는 역사는 딱딱한 학문이라기보다 흥미진진한 이야기이다. '역사' 를 뜻하는 세계 여러 나라 말(영어의 history, 프랑스 어의 histoire, 독일어의 Geschichte, 이탈리아 어의 storia)이나 역사의 한자인 '歷史' 까지도 모두 '이야기'나 '기록' 이라는 의미를 지닌 것은 우연이 아니다.

역사가 인간이 살아 온 이야기라면, 이 책이 담고 있는 잔혹한 이야기도 역사다. 오래오래 기억하고 싶은 아름다운 이야기가 있는가 하면, 차라리 잊고 싶은 끔찍한 이야기도 있는 법이니까. 그런 잔혹하고 끔찍한 역사 속에서 도대체 뭘 얻을 수 있냐고? 바로 두 번 다시는 이런 일들이 일어나서는 안 된다는 사실이다! 작가는 "그것은 이 책을 읽는 여러분에게 달려 있다." 고 말한다.

짓궂으면서도 정감 있는 말 솜씨와 익살맞은 그림을 따라 숨가쁘게 펼쳐지는 '잔혹한 세계사' 속으로 들어가 보자. 역사가 외울 것 많은 고리타분한 공부가 아니라, 흥미 넘치는 이야기 보따리라는 것을 알게 될 것이다.

HORRIBLE HISTORIES: The wicked history of the world
Text Copyright © 2003 by Terry Deary
Illustration Copyright © 2003 by Martin Brown
All rights reserved.

Korean Copyright © 2003 by Munhakdongne Publishing Co., Ltd.
Korean Translation rights arranged with Scholastic Limited through Eric Yang Agency, Seoul.

잔혹한 세계사

1판 1쇄 2003년 9월 18일   1판 2쇄 2007년 6월 20일
글 테리 디어리   그림 마틴 브라운   옮긴이 남경태
책임편집 염현숙 원선화 염미희 김유정 신혜영   디자인 박정은 정연화
펴낸이 강병선   펴낸곳 (주)문학동네   출판등록 1993년 10월 22일 제406-2003-000045호
주소 413-756 경기도 파주시 교하읍 문발리 파주출판도시 513-8
전자우편 kids@munhak.com   홈페이지 www.kids.munhak.com
전화 (031)955-8888   전송 (031)955-8855
ISBN 89-8281-692-5 03900

이 도서의 국립중앙도서관 출판시도서목록(CIP)은 e-CIP홈페이지(http://www.nl.go.kr/ecip)에서 이용하실 수 있습니다. (CIP제어번호 : CIP2003000645)

차 례

책을 열며

언젠가 게오르크 빌헬름 프리드리히 헤겔(1770~1831)이라는 아주 똑똑한 사나이는 이렇게 말했다.

우리가 역사에서 배울 건 아무것도 없다.*

솔직히 말하자. 여러분은 밖에 나가 온갖 재미있고 유익한 일들을 할 수 있지만 그걸 뿌리치고 지금 이 역사책을 손에 들고 있다. 그런데도 헤겔이라는 사람은 역사에서 전혀 배울 게 없다고 말한다.

하지만 전혀 배울 게 없으면 또 어떤가? 『잔혹한 세계사』는 지금까지 여러 용도로 사용되었다. 이를테면……

역사 선생님의 잘못을 까발릴 때

해럴드 왕은 노르만의 화살에 맞아 죽었다.

실은 칼에 맞아 죽었어.

부모님에게 쉴새없이 질문해서 고통을 안겨 줄 때

아스텍 족이 뭘로 제물의 심장을 도려냈는지 알아요?

식탁에서 끔찍한 이야기로 할머니를 놀려 줄 때

로베스피에르는 다친 턱이 거의 떨어져 나간 뒤에야 단두대에서 목이 잘렸대요.

(게다가 『잔혹한 세계사』는 흔들리는 탁자를 괴거나, 문이 닫히지 않게 하거나, 비상시(?)에 화장지 대용으로 쓸 수도 있지만…… 이쯤 해 두자.)

* 이 책에서 사람들이 실제로 한 이야기는 이탤릭체로 되어 있다.

그럼 여러분은 왜 이 책을 읽는가? 똑똑한 헤겔을 믿지 못해서? 아니다. 이 책은 '역사'가 아니라 '사람', 다시 말해 지구상에서 가장 혐오스럽고 사악하고 잔인하고 지겨운 생명체를 다루고 있기 때문이다.

우리는 이 책 『잔혹한 세계사』에 화려한 색을 많이 썼는데, 가장 많이 쓴 색은 물론 피 색깔이다. 이 책의 삽화가가 소비한 빨간색 물감의 양은 무려 7만 마리의 연지벌레를 잡아서 만든 것에 해당한다.

섬뜩하지 않은가? 여러분이 이 책에서 보게 될 빨간 피는 진짜 생물의 피와 살로 만들어진 것이다.

더구나 이 책은 여러분에게 아무것도 가르쳐 주지 않는다. 오히려 여러분은 비명을 지르고, 몸을 떨고, 역겨움을 느낄 것이다(마음이 병든 사람이라면 이 책에 나오는 혐오스러운 사실들에 흥미를 느낄지도 모르지만, 여러분은 그런 사람이 아니겠지?).

하지만 조심하라! 헤겔만큼 똑똑했던 미국 대통령, 에이브러햄 링컨(1809~1865)은 이렇게 말했다.

그러니 조심할 수밖에!

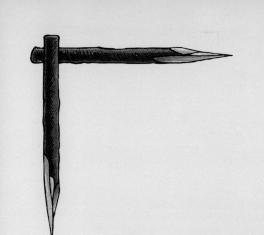

사냥꾼의 일기

제임스 어셔 대주교(1581~1656)는 성서를 근거로 이렇게 주장한 적이 있다. "역사는 기원전 4004년, 신께서 이 세상을 만드셨을 때 시작되었다." 그러나 신께는 좀 미안하지만 그 주장은 틀렸다(내가 죽어서 신을 만난다면 신의 태도는 둘 중 하나일 것이다. 하나, 성서의 말씀이 거짓이라고 말한 것 때문에 크게 화를 낸다. 둘, 성서가 전혀 틀리지 않았으므로 껄껄 웃으며 "거 봐, 내가 그랬잖아!" 하고 말한다.).

지금 사람들의 생각은 어떨까? 최초의 인간이 등장한 것은 200만 년 전이라고 한다. 그러나 그들은 글을 몰랐으니 그 때는 '역사'도 없었다. 그래서 그 시대를 '역사 이전', 혹은 그럴듯하게 '선사 시대'라는 말로 부른다.

최초의 인간은 아주 똑똑했다. 그들은 아무런 무기도, 불도, 옷도 없이 험한 세상에서 잘 살아남았다(물론 나중에는 모두 만들어 냈지만). 하지만 그들에게는 선생님, 학교, 휴대폰 등 지금 우리를 고통스럽게 하는 모든 것들 또한 없었다.

선사 시대의 인간이 어떻게 해서 동물의 왕국에서 가장 높은 자리를 차지하게 되었을까? 그것은 세상이 생겨난 이래 인간이 그 어떤 존재보다 잔혹했기 때문이다.

100만 년 전에 글이 없었다니 유감이다. 만약 있었다면 이런 기록을 남기지 않았을까?

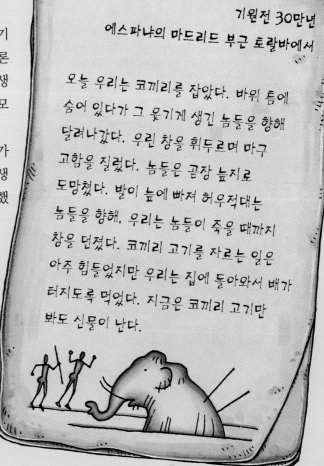

기원전 30만 년
에스파냐의 마드리드 부근 토랄바에서

오늘 우리는 코끼리를 잡았다. 바위 틈에 숨어 있다가 그 웅기게 생긴 놈들을 향해 달려나갔다. 우린 창을 휘두르며 마구 고함을 질렀다. 놈들은 곧장 늪지로 도망쳤다. 발이 늪에 빠져 허우적대는 놈들을 향해, 우리는 놈들이 죽을 때까지 창을 던졌다. 코끼리 고기를 자르는 일은 아주 힘들었지만 우리는 집에 돌아와서 배가 터지도록 먹었다. 지금은 코끼리 고기만 봐도 신물이 난다.

그들은 그리 좋은 무기를 가지고 있진 않았지만 여럿이 힘을 모아 사냥하는 방법을 개발했다. 지금도 인간은 코끼리를 학살하지만, 먹기 위해서가 아니라 상아를 얻기 위해서다.

기원전 7만년경에 유럽에는 '네안데르탈 인'이라는 인류의 한 종류가 살았다. 그들의 얼굴은 여러분보다도 못생겼다! 게다가 그들은 상당히 혐오스런 습성을 가지고 있었는데……

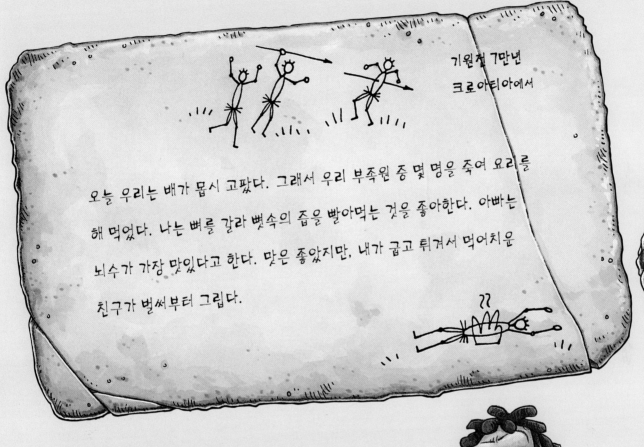

기원전 7만년
크로아티아에서

오늘 우리는 배가 몹시 고팠다. 그래서 우리 부족원 중 몇 명을 죽여 요리를 해 먹었다. 나는 뼈를 갈라 뼛속의 즙을 빨아먹는 것을 좋아한다. 아빠는 뇌수가 가장 맛있다고 한다. 맛은 좋았지만, 내가 굽고 튀겨서 먹어치운 친구가 벌써부터 그립다.

크로아티아의 크라피나에서는 갉아먹힌 흔적이 있는 네안데르탈 인 스무 명의 뼈가 발견되었고, 이탈리아에는 석기 시대에 뇌수를 먹었던 흔적이 남아 있다. 이런 식인 풍습은 지금도 세계의 일부 지역에 남아 있다!

네안데르탈 인은 기원전 3만년경에 멸종했다. 그렇게 서로 잡아먹었으니 멸종하지 않으면 이상한 일이다. 그 뒤 현재의 인류인 '호모 사피엔스'가 최고 유인원으로 발돋움했다.

그 무렵 어떤 인간들은 대모험을 하기도 했는데……

인간은 바다를 건너가 오스트레일리아를 발견했다. 이들은 노련한 사냥꾼이었고 훌륭하게 생존했다. 비록 18세기에는 영국이라는 나라에서 온 무지한 야만인들의 침략을 받게 되지만, 그건 먼 훗날의 이야기다.

기원전 3만 년
오스트레일리아에서

정말 끝내준다.
오늘 오후, 우리는 먼 여행을 한 끝에
새로운 땅에 도착했다.
여기서는 짐승들이 껑충껑충 뛰어다닌다.

귀여운 곰은 구워 먹으면 아주 맛이 좋다.
해변에서 바비큐 파티를 열기로 했다.
어서 맥주와 크리켓 경기가 발명되었으면.

기원전 2만 년경에 인간은 말 떼를 절벽으로 몰아서 사냥하는 법을 깨우쳤다. 프랑스의 어느 절벽 밑에서는 무려 10만 마리의 말 뼈가 발견되었다. 말고기 햄버거를 엄청 먹을 수 있었겠지만, 안타깝게도 햄버거용 빵은 5천 년 뒤에나 생겨난다.

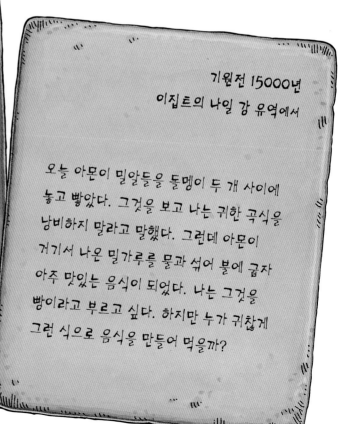

기원전 15000년
이집트의 나일 강 유역에서

오늘 아몬이 밀알들을 돌멩이 두 개 사이에 놓고 빻았다. 그것을 보고 나는 귀한 곡식을 낭비하지 말라고 말했다. 그런데 아몬이 거기서 나온 밀가루를 물과 섞어 불에 굽자 아주 맛있는 음식이 되었다. 나는 그것을 빵이라고 부르고 싶다. 하지만 누가 귀찮게 그런 식으로 음식을 만들어 먹을까?

인간이 빵을 먹고, 곡물을 재배하게 된 것은 기원전 8천년경 중동 지방에서였다. 이제 인간은 사냥감을 쫓아 여기저기 옮겨다니지 않고 한곳에 붙박여 살 수 있게 되었다.

하지만 그 무렵 인간은 지금까지도 행해지는 아주 혐오스런 관습을 발명하게 되는데…….

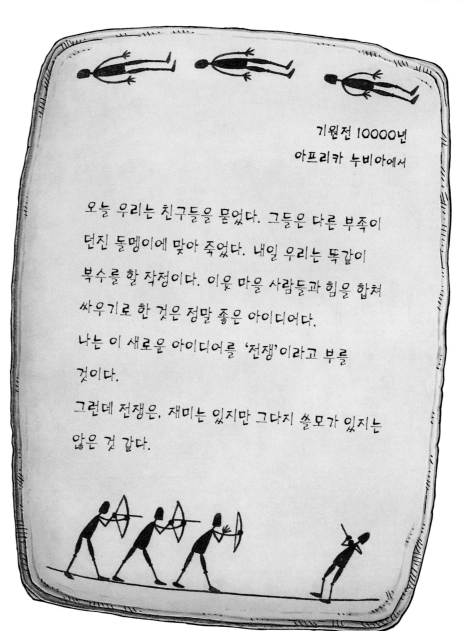

기원전 10000년
아프리카 누비아에서

오늘 우리는 친구들을 묻었다. 그들은 다른 부족이 던진 돌멩이에 맞아 죽었다. 내일 우리는 똑같이 복수를 할 작정이다. 이웃 마을 사람들과 힘을 합쳐 싸우기로 한 것은 정말 좋은 아이디어다.
나는 이 새로운 아이디어를 '전쟁'이라고 부를 것이다.
그런데 전쟁은, 재미는 있지만 그다지 쓸모가 있지는 않은 것 같다.

오, 위대한 곰이여!
이왕이면 케첩과
감자 튀김도 주시기를….

요건 몰랐지?

동굴 사람들은 곰을 숭배하고 잡아먹었다. 그들은 춤을 추며 곰 주위를 돌다가 가슴에 창을 던져 죽였다. 그런 다음, 곰의 머리를 잘라 진흙으로 만든 곰의 모형 위에 놓고 몸뚱이는 먹었다.

야만의 도시

약 6천 년 전, 인간은 집단으로 모여 살고 싶어졌다. 그래서 한곳에 많은 집들을 지었다. 이것을 가리키는 적절한 이름이 필요했는데…….

이 곳의 이름을 '주택-밀집-공기-혼탁-소음-공해-거주지'라고 지으면 어떨까?

그러지 말고, 도화지에 그려진 그림 같으니까 '도회지'라고 하자.

그 뒤, 도시가 점점 커졌으므로 다른 이름이 필요해졌다.

이곳을 '인구-과밀-교통-혼잡-자치-공동체'라고 부르면 어떨까?

그러지 말고, '도회지'가 시적으로 변했으니까 '도시'라고 하자.

최초의 도시들은 지저분하고 냄새나고 위험했다. 질병에 걸리거나 소매치기를 당하거나 강도를 만나기에 딱 좋은 곳이 도시였다. 놀랍게도 6천 년이 지난 지금도 도시의 환경은 크게 달라지지 않았다. 과연 언제나 달라질까?

고대의 도시들은 중동에서 생겨나 메소포타미아, 바빌로니아, 아시리아 같은 고대 왕국들로 성장했다. 그러자 점차 다른 세계에서도 중동을 모방하기 시작했다.

트로이 같은 일부 도시들은 폐허가 된 지 수천 년이 지난 지금도 유명하다. 그 도시들에 대한 여러 가지 전설이 전해 오기 때문이다.

트로이 전쟁

기원전 1200년경에 트로이의 파리스 왕자가 스파르타의 헬레네 왕비를 납치한 사건으로, 그 뒤 10년 동안 전쟁이 벌어졌다. 이 전쟁은 점차 전설이 되었다. 그리스 병사들이 목마에 숨어 트로이로 들어갔다는 것은 잘 알려진 일이다.

하지만 그 전설의 혐오스런 부분은 잊혀졌다.

트로이의 영웅 헥토르는 그리스의 영웅 아킬레우스의 창에 목이 찔렸다. 헥토르는 죽어 가면서 아킬레우스에게 부탁한다.

멋진 이야기다. 아킬레우스는 헥토르의 시신을 전차에 매달고 트로이 성을 한 바퀴 돌았다.

그리스 병사들은 마침내 그 유명한 목마를 타고 트로이에 들어갔다. 목마에서 뛰어나온 그들은 트로이 병사들을 닥치는 대로 살육한다.

트로이 쪽도 나름대로 술수를 부렸다. 죽은 그리스 병사의 갑옷을 빼앗아 입고 그리스 병사로 위장한 것이다. 그런 다음 그들은 그리스 병사들에게 몰래 다가가서 죽여 버렸다.

결국 그리스 군은 트로이 남자들을 죽이고 여자들을 노예로 삼았다. 그럼 아이들은 어찌 됐을까? 그리스 인들은 트로이의 아이들을 도시 성벽 위에서 아래로 내동댕이쳤다.

잔인한 왕들

고대 도시들도 끔찍했지만, 도시에 사는 사람들과 도시를 다스리는 사람들은 역사상 가장 끔찍한 자들이었다.

고대의 지배자들은 살아남기 위해 강인해야 했다. 그들은 가장 센 주먹을 가져야만 최고의 지위에 오를 수 있었고, 그 다음에는 더 센 주먹이 나타나서 자기 자리를 빼앗지 않을까 늘 걱정했다.

센나케리브 왕은 기원전 705년에서 681년까지 고대 아시리아(지금의 이라크 북부와 터키 남부)를 다스렸다. 그는 이런 말을 남겼다.

> 나는 양을 잡듯이 적의 목을 쳤다. 나는 줄을 끊듯이 적의 목숨을 끊었다. 내가 자른 적의 목에서는 피가 시냇물처럼 흘러 넓은 대지를 적셨다. 내가 탄 말은 적의 피로 이루어진 시냇물을 뛰어넘어 달렸다. 적의 시신들이 전장을 가득 메웠다. 나는 오이 씨를 파내듯이 적의 생식기를 파냈다.

아슈르바니팔 왕(기원전 668~627)도 선배인 센나케리브에 못지않았다. 그의 행동은 너무 역겨워서 그가 적들에 관해 쓴 글은 읽지 않는 게 좋다. 여러분이 그것을 다 읽지 않도록 하기 위해 여기에 그 일부분만 인용한다. 최대한 끔찍한 상상력을 동원해서 빈 칸을 메

워 보기 바란다. 너무 어렵다고? 그럴까 봐 몇 가지 그림 힌트를 주었다.

> 나는 적의 _과 __를 잘라서 _, __, __, ___들에게 주었다. 또한 하늘의 _들과 바다의 ___들에게도 먹이로 주었다. 그리고 남은 것은 바빌론 바깥에다 내버렸다.

정답: 패배자 팔다리와 다른부분을 잘라서.
팔, 다리, 개, 돼지, 늑대, 독수리, 새, 물고기

아슈르바니팔 왕은 시신에게도 보복을 가했다. 그는 이렇게 말했다.

> 나는 고대 엘람 왕들의 무덤을 파헤쳐 그들의 유골을 아시리아로 가져왔다. 그리고 사제들에게 그들을 위한 제사를 지내 주지 못하게 함으로써 그들의 망령에게도 고통을 주었다.

훌륭한 사람이다!

법과 무질서

도시가 생겨남으로써 사람들은 자신의 귀중한 재산을 한곳에 모아 놓을 수 있게 되었다. 그런데 그와 더불어 새로운 종류의 악당들도 출현하게 되었다. 강도, 절도, 사기는 물론이고 온갖 새로운 범죄들이 생겨났다. 이에 대처하기 위해 법이라는 것이 처음 탄생했다.

오늘날에는 법과 형벌의 종류가 매우 다양하다. 그 중에는 이해하기 어려운 것들도 많다. 예를 들어 판사가 도둑을 감옥에 보내면 거기서 도둑은 다른 도둑들과 만나 더 뛰어난 악당이 되는 방법을 배운다. 이와 달리 과거의 형벌은 아주 이해하기 쉬웠다.

우루카기나 법전(기원전 2350)

고대의 큰 왕국들 중에는 오늘날 이라크에 해당하는 메소포타미아가 있었다. 이 나라의 왕이었던 우루카기나는 자신의 법을 기록한 1,200개의 점토판을 남겼다. 그 내용은 아주 가혹했는데……

우르남무 법전(기원전 2050)

메소포타미아의 왕이었던 우르남무는 새로운 아이디어를 냈다.

불행히도 우르남무는 전쟁에서 싸우다가 죽었다. 그의 전차는 진흙 속에 처박히고 그는 쓰러졌다.
어느 고대의 작가는 그가 "진흙처럼 뭉개져서 죽었다"고 썼다.
그의 시신은 메소포타미아로 운반되던 도중
배가 침몰하는 바람에 사라져 버렸다.

함무라비 법전(기원전 1700)

바빌론의 함무라비는 잔인했던 옛날 방식으로 돌아갔다. 그는 저지른 범죄와 형벌을 서로 어울리게 맞추었다.

- 자기 아버지를 때린 자는 두 손을 자른다.
- 불난 집에서 물건을 훔친 자는 산 채로 불에 태운다.
- 도둑질을 한 자는 귀를 자른다.
- 술집에서 손님에게 바가지를 씌운 자는 물에 빠뜨린다.

또한 함무라비는 그 유명한 십계명이 탄생하는 데 기여하기도 했다.

십계명(기원전 1300)

성서에 기록된 율법은 아주 공정했다. '죽이지 마라', '훔치지 마라' 같은 것들이었으니까. 하지만 성서에 나오는 형벌은 아주 지독했다.

이 법은 '눈에는 눈, 이에는 이'였다. 즉 지은 죄와 똑같은 형벌이 내려지는 것이다. 좀 가혹하긴 하다. 실수로 남의 눈을 찔렀더라도 그 벌로 자기 눈을 빼야 하니까!

하지만 기원전 450년, 로마 인들은 성서보다 한 걸음, 아니 두 걸음쯤 더 나아갔다.

12표법(기원전 450)

로마의 법은 부자가 가난한 자보다 우대를 받았으므로 그리 공정한 편은 아니었다(그보다 1,600년 전의 우르남무 법이 더 공정했다!). 하지만 적어도 십계명처럼 '죽음에는 죽음' 같은 식은 아니었다.

다음은 실제로 로마에서 있었던 사건이다. 여러분이라면 살인범을 어떻게 하겠는가?

함무라비였다면 그 소년이나 이발사의 목을 잘랐을지도 모른다! 그러나 로마는 그런 야만적인 석기 시대에서 제법 발전했다. 판결은 이렇다.

요건 몰랐지?

알렉산드로스 대왕(그리스의 왕, 기원전 356~323)은 병사들이 수염을 기를 수 없다는 법을 제정했다. 왜 그랬을까?

1) 어렸을 때 수염 기른 사람에게 혼이 난 적이 있기 때문에
2) 싸울 때 적군에게 수염을 붙잡힐 수 있다고 생각했기 때문에
3) 그리스 군대에서 자기만 유일하게 수염을 기르고 싶었기 때문에

정답: 2)

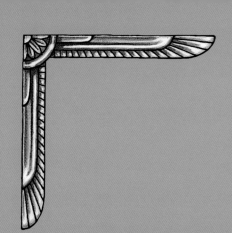

무덤의 전설

기원전 4000년경, 이집트 사람들은 진흙과 나무로 집을 짓고 살았다. 그러나 죽은 이집트 사람들은 아름다운 돌 무덤에 매장되었다. 산 자보다 죽은 자의 팔자가 더 나은 셈이다! 덥고 건조한 것이야 참을 수밖에! 죽은 자를 매장할 때는 무기도 함께 묻어, 죽어서 괴물과 싸울 때 사용하도록 했다. 무시무시한 얘기다.

500년 뒤 메소포타미아의 메스칼람두그 왕은 저승에서 파티를 열기 위해 자신이 죽을 때 친구들과 친지들을 데려갔다. 그들은 독을 마시고 왕과 함께 묻혀야 했다.

100년쯤 뒤에 쿠푸 왕(케오프스라고도 부른다.)은 기자에 대피라미드를 세웠다.

문자는 기원전 3200년경에 메소포타미아에서 발명되었다. 그 덕분에 지금 우리는 역사를 기록할 수 있고, 역사 시험도 볼 수 있게 되었다. 대단하지 않은가?

하지만 고대 이집트의 이야기는, 단지 문자로 기록되지 않았다는 이유로 사실이라고 인정되지 않는다! 이집트 인들이 전하는 쿠푸 왕의 이야기를 보면……

그러나 누구보다도 왕의 시신을 잘 보살핀 사람들은 이집트 인들이었다. 그들은 돌 무덤을 점점 더 크게 만들어 마침내 세계 최대의 석조 건물인 피라미드를 쌓았다. 오로지 죽은 왕을 위해서!

기원전 2620년에 사막 한가운데 세워진 조세르 왕의 계단식 피라미드는 넓이가 무려 15만 평방미터에 달했다. 수많은 사람들의 땀으로 만들어졌음은 물론이다.

 거위의 마법

 등장인물

 쿠푸 왕 마법사 제디 하녀 메리아

1장 궁전에서

쿠푸: 메리아! 게 있느냐?

메리아: 부르셨습니까?

쿠푸: 나의 피라미드는 어찌 되어 가느냐? 세상에서 가장 큰 피라미드가 되어야 한다!

메리아: 더 이상 진척이 없습니다. 폐하께서 급료를 안 주시니까 일꾼들이 일을 하지 않습니다.

쿠푸: 그럼 어떡하면 좋겠느냐? 피라미드는 아직 절반밖에 안 올라갔는데. 미완성 피라미드는 피뢰침도 못 되느니라. 난 곧 죽을 텐데, 이를 어찌 해야 하느냐?

메리아: 폐하, 제디라는 자에게서 들은 이야기를 말씀드리겠습니다. 제디는 죽은 사람도 살릴 수 있는 마법사라고 합니다. 그 자가 말하기를, 피라미드가 완성될 때까지 폐하의 시신을 고이 간직할 수 있는 방법이 있다고 합니다.

쿠푸: 그거 좋은 생각이로다. 당장 제디를 불러라!

메리아: 제가 판단하건대, 그 자는 다소 사기꾼 기질이 있는 듯합니다.

쿠푸: 그럼 넌 판단하지 마라. 어서 그 자를 불러들여라!

시간의 경과를 알리는 음악이 흐른다.

2장 궁전에서 - 얼마 후

메리아: (제디에게) 잘해요. 당신은 폐하 앞에서 죽은 것도 살아나게 할 수 있다는 걸 증명해야 돼요. 그러지 않으면 당신부터 살려 내야 할 거예요.

제디: 이 상자 안에 거위가 한 마리 있소. 오늘 아침에 잡은 거요. (목을 자른 거위를 상자 안에서 들어 보인다.)

메리아: 아주 맛있겠군요. 당신이 그것을 살려 낸 다음에 다시 죽이면 내가 오늘 저녁 식사로 요리해 먹겠어요. (쿠푸가 등장한다.)

쿠푸: 자네가 마법사인가?

제디: 저는 세상에서 가장 위대한 마법사입니다.

쿠푸: 죽은 자를 소생시킨다면 그대는 세상에서 가장 부유한 마법사가 될 것이니라.

제디: 여기 거위가 있습니다.

쿠푸: 거위 따위는 놔둬라. 메리아, 감옥에 가서 죄수를 한 명 데려오너라. 그 놈을 죽인 다음 제디에게 소생시키게 해라.

제디: (깜짝 놀라며) 그건 안 됩니다! 절대 안 됩니다! 법에 어긋나죠. 이 거위를 가지고 하겠습니다.

쿠푸: 그래? 그럼 해 보아라. 재미는 없겠지만 어쨌든 해 보도록 하라.

제디: (거위를 상자에 넣고 뚜껑을 덮는다. 상자 위에서 손을 흔든 다음 살아 있는 거위를 꺼낸다.) 여기 있습니다, 폐하!

쿠푸: 잘했네. 내가 죽은 뒤에 다시 와서 내게도 똑같이 해 주게. 그럼 자네를 상상도 못 할 부자로 만들어 주지. (쿠푸가 떠난다.)

메리아: 하마터면 들킬 뻔했잖아요!

제디: 무슨 말이오?

메리아: 산 거위가 상자 안에 들어 있었잖아요. 상자 안에서 죽은 거위와 슬쩍 바꿔치기한 거 다 알아요. 내가 왕처럼 멍청한 줄 알아요? 만약 왕이 안다면 당신은 끝장이에요.

제디: 왕에게 말하지 마시오!

메리아: 글쎄요…….

제디: 뭐라고? 왜 그러는 거요? 말하지 않는 대가로 뭘 원하오?

메리아: 요리해 먹게 그 죽은 거위나 주세요.

제디: 그럼 약속하는 거요.

파라오에 관한 시시콜콜한 사실들

　이집트 인들은 아주 오래 전부터 살아 왔다. 고대 그리스 인들을 '어린아이'라고 부를 정도로 말이다. 이집트에는 파라오라고 부르는 위대한 왕들이 있었다. 다음은 학교에서 가르치지 않는 파라오에 관한 하찮고 별난 이야기다.

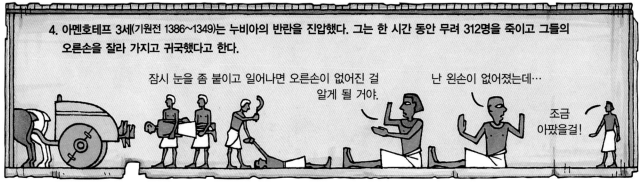

5. 파라오 세티(기원전 1291~1278)는 히브리 인들을 노예로 삼았다. 히브리 인들은 풀어 달라고 애걸했으나 거절당했다. 그래서 히브리의 지도자 모세는 이집트에 재앙을 내려 달라고 신께 부탁했다.

> 강에 피가 흐르네!

> 빨간색 수초겠지.

> 개구리가 들끓고, 소가 병들어 죽고, 우박이 내린다.

> 아야! 엉덩이에도 우박이…

> 조금 아팠을걸!

6. 모세는 히브리 민족을 이끌고 신이 열어 준 홍해를 건너갔다. 그러나 사실 홍해는 그리 깊지 않았다. 때마침 동풍이 불어와 바다를 무사히 건넜고, 바람이 그친 탓에 추격하던 이집트 병사들은 물에 빠져 죽었다!

> 꼴깍꼴깍

> 고생 좀 했을걸?

7. 기원전 1212년까지 살았던 람세스 2세는 이집트의 위대한 파라오였다. 그가 죽은 뒤 미라 기술자들은 붕대를 이용하여 코의 모양을 유지하는 새로운 기술을 사용했다.

> 코에 후추를 잔뜩 넣어야겠군.

> 재채기를 하지 않을까?

8. 기원전 520년경에 파네스 장군은 이집트를 배반하고 적인 페르시아 편에 붙었다. 그러나 그는 아들들을 두고 떠났다. 이집트 군은 전장에서 파네스가 보는 가운데 그의 아들들을 처형했다.

> 아이들의 목을 따서 피를 큰 사발에 받았지.

> 그 피에다 포도주와 물을 타서 마셨어.

> 웩!

미신과 괴상한 관습

선사 시대 사람들은 세상을 신비스럽게 여겼다. 그래서 그들은 신이나 영혼에 관한 여러 가지 전설과 이상한 관습을 만들어 이 세상을 설명하고자 했다. 그런 이상한 관습은 역사 시대에도 내내 남아 있었다. 다음은 특히 기묘한 열 가지 관습인데, 이 가운데는 진짜도 있고 가짜도 있다. 진실과 거짓을 구분해 보라.

1. 기원전 7500년경, 예리코에서는 죽은 조상의 머리를 잘라 바닥에 붙여 놓고 숭배했다.

2. 기원전 4000년경, 프랑스에서는 여자 주술사가 머릿속의 악마를 쫓아낸다며 환자의 머리를 때려서 두통을 치료했다.

3. 기원전 200년경, 로마에서는 돌멩이를 놓아 도시, 마을, 밭의 경계선을 표시했다(여기까지는 진실). 그런데 이 경계선을 옮기는 자는 사형에 처해졌다.

4. 중세 인도에서는 아이가 태어나면 아이 엄마의 손가락 두 개를 잘랐다.

5. 중세 태평양의 상기에 제도에서는 화산 폭발을 막기 위해 어린이에게 고통을 가해 죽였다.

6. 기원전 1300년경, 중국에서는 거북 껍질에 질문을 적어 신의 뜻을 알아 냈다.

7. 암흑 시대*에 프랑스의 샤를마뉴 황제는 400여 년 동안 제위에 있었다.

8. 1500년대에 이탈리아의 교황 율리우스 2세는 "하느님께서는 살인 이외에 어떤 죄도 용서하실 것"이라고 말했다.

9. 1500년대에 스코틀랜드의 메리 여왕은 유니콘의 뿔을 음식에 담가, 독이 있는지 없는지 확인했다.

10. 1940년대에 독일의 아돌프 히틀러는 녹인 납을 물에 부어 생겨나는 모양을 보고 미래를 예언할 수 있다고 믿었다.

* 고대 로마가 몰락한 후 약 600년 동안의 중세 시대. 역사적 자료가 거의 남아 있지 않아 이렇게 부른다.

정답

1. **진실.** 잘라 낸 머리에 진흙을 채우고, 살아 있는 것처럼 색을 칠하고, 눈구멍에는 조개껍질을 붙여 진짜 눈처럼 보이게 했다. 그런 다음 거실 바닥에 붙여 놓았다. 하긴, 그 때는 거실에 텔레비전이 없었으니까.

2. **거짓.** 그보다 더 가혹했다. 의사는 날카로운 돌 조각으로 머리뼈에 구멍을 내서 사악한 정령들이 밖으로 나오게 했다. 물론 지금의 의사들에게서는 그런 훌륭한 치료를 받을 수 없다.

3. **진실.** 로마 인들은 경계석의 신인 테르미누스를 숭배했다. 그들은 경계석을 꽃으로 장식했고, 돼지나 양을 잡아 제사를 지내기도 했다. 정말 괴상한 풍습 아닌가?

4. **거짓.** 아이 엄마가 아니라, 아이의 가장 나이 많은 아주머니가 신전에서 목수의 끌에 의해 손가락 두 개를 잘려야 했다.

5. **진실.** 마을의 사제가 매년 화산의 신을 달래기 위해 아이를 잔인하게 죽였다. 사제는 먼저 아이의 손가락을 끊고, 코와 귀를 베어 내고, 몸을 조금씩 잘라 내다가 마지막에 단검으로 가슴을 찔러 죽였다. 아이는 참을 수 없이 아팠겠지만, 그 뒤 마을에서는 1주일 동안 파티가 열렸다.

6. **진실.** 사제는 거북 등껍질에 질문을 적은 다음 불에 달군 쇠로 지져 껍질이 갈라지게 했다. 그 갈라진 모양을 보고 질문의 답을 알 수 있었다. 사제는 그 껍질들을 보관해 두었다가 많은 질문에 대한 답으로 활용했다(패스트푸드가 나오기 전이었으니까 아마 거북이 고기는 먹었을 것이다.).

7. **진실.** 샤를마뉴는 45년 동안 재위하다가 814년에 죽었지만, 그의 시신은 미라로 만들어져 1215년까지 옥좌에 앉은 상태로 보관되었다! 그 뒤 그의 시신은 매장되었는데, 언제든 위기가 닥치면 되살아나 세상을 구하도록 하기 위해 갑옷을 완전히 차려입은 채로 묻혔다. 화성인이 지구를 침공한다면 그 갑옷이 무슨 소용이 있을지는 알 수 없다!

8. **거짓.** 교황 율리우스 2세는 사기꾼이었다. 그는 "하느님께서는 돈만 내면 어떤 죄도 용서하실 것"이라고 말했다. 그의 부하들은 어떤 죄도 면제 받을 수 있는 '면죄부'를 팔았다. 그 돈의 절반은 로마의 교황궁(성 베드로 대성당)을 짓는 데 사용되었고, 나머지 절반은 탐욕스런 그의 호주머니 속으로 들어갔다.

9. **진실.** 스코틀랜드의 메리 여왕은 잉글랜드에서 19년 동안 감옥살이를 할 때 프랑스에서 가져온 '유니콘의 뿔'을 사용했다. 메리는 그것이 자신을 보호해 준다고 믿었다. 그 덕분인지 메리는 독으로 죽지 않고 등에 도끼를 맞아 죽었다.

10. **진실.** 히틀러 또한 7이 행운의 숫자라고 믿었다. 그는 시기가 적절한지는 따지지도 않고 장군들에게 무조건 어느 달의 7일에 공격을 개시하라고 명했다. 여러분도 시험 볼 때 일곱 번째 자리에 앉겠다고 우겨 보라. 과연 효과가 있는지…… 77번째 자리라면 더 좋겠지.

요건 몰랐지?

일본에서는 날씨를 바꾸기 위해 개를 화살로 마구 쏘아 죽였다.
비를 원하면 검은 개를 죽였고, 맑은 날씨를 원하면 흰 개를 죽였다.
(이슬비를 원하면 달마시안을 죽였을까?)

지저분한 전설

아주 옛날 옛적부터 인간은 전설을 믿었다. 하지만 어떤 전설은 잔인하고 간악한 범죄를 처벌하기 위한 구실로 사용되기도 했다. 인도의 칼리 여신이 그런 경우다.

잔인한 칼리

칼리 여신의 임무는 악마인 락타비자를 죽이는 것이었다. 그런데 문제는 죽일 때마다 핏방울이 땅에 떨어져 수천 마리의 악마들이 새로 생겨난다는 데 있었다. 똑똑한 칼리는 이 문제를 어떻게 해결했을까? 여신은 악마의 몸에 창을 꽂아서 공중에 뜬 상태로 죽였다. 그리고 떨어지는 핏방울을 자신이 받아먹었다.

좀 오싹하기는 하지만, 어디까지나 신들의 얘기니까. 하지만 거기서 끝난 게 아니다. 영국이 인도를 지배하던 19세기에 영국인들은 칼리의 추종자들이 '암살단'을 자처하면서 칼리의 이름으로 살인을 저질렀다고 말했다. 흰색 스카프로 여행자들의 목을 졸라 죽여 그 시체를 여신에게 제물로 바쳤다는 것이다. 영국인들은 자신들이 그 잔인한 관습을 뿌리뽑았다고 주장한다. 그러나 이 모든 이야기는 칼리 종교를 없애기 위해 영국인들이 꾸며 냈을 가능성이 크다.

요건 몰랐지?

인도의 사제들은 '소마'라는 약을 탄 음료를 마시는 것으로 신을 숭배했다. 하지만 그 음료는 소의 오줌으로 만든 것이었다. 정말이지 두 손 들었다!

22

신이라고 무조건 좋은 건 아니다

세계 최고의 탐험가를 죽음으로 몰고 간 전설도 있다.

하와이의 로노 신은 자기 아내를 죽이고 크게 후회했단다. 그래서 그는 커다란 카누를 타고 세계의 대양을 돌아다니기로 했지.

하와이 사람들은 그가 떠나는 것을 슬퍼했으나 로노는 언젠가 하와이로 돌아오겠다고 약속했어.

우리는 수천 년 동안 그 신을 기다리고 있단다.

좋은 이야기다. 하지만 유명한 탐험가 쿡 선장이 그 이야기 때문에 죽음을 맞았다. 이야기가 어떻게 사람을 죽였느냐고?

쿡 선장은 오랫동안 태평양을 탐험하면서 오스트레일리아와 뉴질랜드를 발견했다. 1779년, 그가 하와이에 갔을 때 원주민들은 자신들의 신인 로노가 약속대로 돌아온 것이라고 여겼다. 그의 배는 신들이 타는 커다란 카누와 비슷했으니까. 쿡 선장은 신이 된 것에 기분이 좋았으나 그것은 착각이었다. 항해 중에 폭풍을 만난 그는 배가 파손되는 바람에 할 수 없이 하와이로 되돌아왔다.

원주민들은 충격을 받았다! "신에게 어떻게 그런 일이 있을 수 있단 말인가?" 그들은 사기당했다는 것을 깨닫고 그를 죽인 다음…… 먹어치웠다.

쿡의 선원들은 선장의 다리와 유골을 수습해서 고국에 묻어주었다. 쿡의 머리는 아예 곤죽이 되었고, 뼈는 조각상을 세우는 데 사용되었다.

황제와 폭군

전 세계가 아직 석기 시대일 때 중국에서는 제국이 탄생했다. 중국 최초의 위대한 왕은 기원전 2697년에서 2597년까지 재위했다고 전해지는 황제이다. 원래 제국의 지배자라는 뜻의 황제는 한자로 '皇帝' 라고 쓰지만 그는 '黃帝', 즉 노란 황제였다. 오늘날 많은 중국인들은 자신들이 황제의 후손이라고 생각한다. 그들은 황제에 관한 모든 전설을 사실로 믿는데, 다음을 보고 여러분이 직접 판단해 보라.

황제는 바퀴를 이용한 수레를 발명했다(정말 머리를 잘도 굴렸지.).

배도 발명했다(아주 잘 나가는 배였다.).

지남철도 발명했다(치우와 싸울 때 전차가 안개 속을 뚫고 나가는 데 쓸모가 있었다.).

그의 형제는 72명이었는데, 모두 사나운 인상이었다(그 중에는 청동으로 된 머리를 가진 자,

짐승의 몸과 사람의 얼굴을 가진 자도 있었다.). 그는 '황제'라는 말을 만들었고,

중국 황실의 색깔을 노란색으로 정했다. (그들이 병아리라는 뜻은 아니다.)

그의 궁전을 지키는 문지기는 사람의 얼굴에 호랑이의 몸, 아홉 개의 꼬리를 가지고 있었다.

옛 문헌에 따르면, 그는 110세가 되던 해에 '아홉 마리 용이 천하를 파괴할 때' 죽었다고 한다.

황제는 아마 인근 지역을 정복해서 중국을 통일한 힘센 장군이었을 것이다.

용들이 천하를 파괴했다는 말은 순 뻥이야.

물론 그렇겠지! 2002년 4월, 중국에서 발표된 한 보고서에서는 옛 전설을 이렇게 설명한다.

2002년 4월 9일 오전 8시, 베이징 (로이터 통신)

중국 북서부의 황링에서 5천 년 된 운석이 발견되었는데, 중국인의 시조라고 알려진 황제의 죽음에 관한 전설을 해명하는 열쇠가 될 수 있을 것으로 판단된다.

산시 성에 있는 황제의 무덤 부근에서 발견된 이 운석은 중국 최초의 황제(皇帝)인 황제(黃帝)가 죽을 때 천하가 파괴되었다는 고대 기록과 연관이 있다고 추측된다.

이 발견은 또한 "아홉 마리 용이 고대 도시 황링을 무너뜨렸다."는 현지의 전설을 규명해 줄 것이다.

황제는 기원전 2697년에서 2597년까지 재위하다가 110세에 용이 내려와 그를 하늘로 데려갔다고 전해진다.

과학자들은 이 운석의 연대가 5천 년쯤 되었다고 추측하고 있다.

땅 속에 묻힌 운석의 크기는 길이 82센티미터, 너비 21센티미터이며, 충돌 자국·구멍·불 탄 흔적이 있다고 황제 연구가인 리옌쥔은 말한다.

그의 견해에 따르면 운석은 황제의 무덤이 있는 산꼭대기에 떨어진 것으로 보인다.

그러나 무덤 관리자들은 운석이 발견되었다는 소식을 듣지 못했다고 한다.

고대인들은 운석을 몰랐으므로 불이 붙은 채 하늘에서 떨어지는 돌멩이를 '용'으로 보았을 것이다. 그렇다면 황제는 천하가 파괴될 때 죽었을 수도 있다. 그게 사실이라면 나머지도 사실이 된다.

하지만 문지기의 꼬리가 아홉 개라는 말은 뭐지?

폭군 열전

사람들이 도시를 이루어 살게 되면서 무식한 왕들도 생겨나기 시작했다. 이들은 힘으로 정상의 지위에 오른 뒤 백성들을 못살게 굴며 권력을 유지했다.

여러분은 이 무식한 왕들에 관해 어떻게 생각하는가? 여러분도 폭군이 될 수 있을까?

여러분 자신은 어떤 유형의 군주일지 다음에서 골라 보라!

● 상 왕조는 기원전 1384년부터 중국을 지배했다. 상 왕실은 매우 호화로운 궁궐에서 살았는데, 그렇다면 그들은 자신이 다스리는 가난한 백성들을 어떤 곳에 살게 해야 할까?

1) 이중으로 된 유리창을 갖추고, 세계 최초로 천 벽지를 바른 좋은 집
2) 지붕이 새고 벽지도 없는 다 쓰러져 가는 집
3) 지붕은 있지만, 홍수라도 나면 집 안에서 꼼짝도 할 수 없는 흙구덩이

이런 저택을 구덩이라고 부르면 섭하지!

● 로마 황제 클라우디우스(41~54)는 "나의 의붓아들 네로에게 제위를 계승시키겠다."고 말한다. 아들을 제위에 확실히 앉히려면 네로의 어머니는 어떻게 해야 할까?

1) 클라우디우스에게 아주 상냥하게 대해서 마음을 바꾸지 않도록 한다.
2) 마음을 바꾸면 애완견 푸들을 걷어차서 죽여 버리겠다고 클라우디우스를 위협한다.
3) 클라우디우스에게 독버섯을 먹여 마음을 바꿀 기회를 주지 않는다.

● 파르티아의 왕 포마사트레스는 기원전 53년 메소포타미아의 전투에서 로마 장군 크라수스를 죽였다. 죽은 적장을 어떻게 처리해야 할까?

1) 비록 적이지만 성대한 장례식을 치러 준다.
2) 전사한 적의 일반 병사들과 함께 공동묘지에 던져 버린다.
3) 목을 잘라 개선 행진의 장식품으로 이용한다.

● 배필을 찾던 훈 족의 아틸라(406~453)는 성녀 우르술라를 사랑했으나 거절당했다. 그녀를 어떻게 해야 할까?

1) 과감하게 포기한 뒤 선물을 잔뜩 안겨 주고 떠난다.
2) 화를 내면서 마음이 변할 때까지 감금한다.
3) 화살로 쏘아 죽이고 우르술라를 따르는 만천 명의 처녀들을 학살한다.

당신은 매력적이지만 우린 안 어울려요.

● 잉글랜드의 존 왕은 1209년에 교황과 다투었다. 그러자 사제 한 사람은 왕이 교황과 화해하기 전까지는 왕을 섬기지 않겠다고 말했다. 존은 그 사제를 어떻게 해야 할까?

1) 많은 금을 줘서 마음을 돌리게 한다.
2) 결투를 신청한다. 단, 사제에게 길이가 더 짧은 칼을 주고 단번에 병원으로 보낸다.
3) 사제를 납으로 된 우리에 가두고 굶겨서 서서히 죽게 한다.

● 러시아의 이반 뇌제*는 1560년대에 대영주(당시 보야르라고 불림)들을 제압하고 싶다. 어떻게 할까?

1) 대화를 통해 해결한다.
2) 말을 들을 때까지 감옥에 가둔다.
3) 특수 경찰에게 명령해 물에 빠뜨리거나, 목을 조르거나, 매질하거나, 꼬챙이에 꿰어 굽거나, 커다란 프라이팬에 튀겨서 죽인다.

● 트란실바니아의 에르체베트 바토리 백작부인(1560~1615)은 하녀들을 이용하여 오락을 즐기고 싶다. 하녀들을 어떻게 해야 할까?

1) 노래, 춤, 곡예, 발끝으로 걷기 등의 기술을 한꺼번에 가르친다.
2) 격투기를 가르치고 한 쪽이 나가떨어질 때까지 싸우게 한다.
3) 아주 추운 날 성의 안뜰에 세워 놓고 물을 부어 얼음 조각상으로 만든다.

동상들이 동상에 걸리겠군.

어, 추워.

● 프로이센의 왕 프리드리히 빌헬름 1세(1713~1740)는 아들이 왕위를 계승할 의욕을 별로 보이지 않아 고민하는 중이다. 그는 아들을 어떻게 다룰까?

1) 사람들이 보는 앞에서 몽둥이로 때린다.
2) 사람들이 보는 앞에서 몽둥이로 때리고 발로 찬다.

* 雷帝: 천둥 황제. 극단적인 공포 정치를 펼쳐 이런 별명을 얻었다.

3) 사람들이 보는 앞에서 몽둥이로 때리고 발로 차고 가장 친한 친구의 목을 자른다.

● 벨기에 왕 레오폴드 2세(1835~1909)는 아프리카 노예들에게 일을 시키고 싶다. 그래서 노예들에게 일정한 양의 상아와 고무를 가져오게 한다. 목표량을 채우지 못한 노예들은 어떻게 할까?

1) 급료를 적게 주어 굶어죽게 한다.
2) 노예의 아내와 자식들을 매질한다.
3) 노예의 두 손을 자른다.

● 2차 세계 대전에서 러시아 군은 독일군 포로들을 잡았으나, 독일군은 러시아 군의 지도자 요시프 스탈린의 아들을 사로잡았다. 독일측은 독일 포로들과 스탈린의 아들을 맞교환하자고 제의한다. 스탈린은 어떻게 대답해야 할까?

1) "좋다. 내 사랑하는 아들을 보내라."
2) "아들을 풀어 주지 않으면 독일군 포로들을 몽땅 죽여 버리겠다."
3) "거절한다. 아들이 죽어도 할 수 없다."

결과 분석

주로 1)을 고른 사람: 당신은 그릇이 작거나 외계인 같은 사람이며, 지배자는 결코 되지 못할 것이다.

주로 2)를 고른 사람: 당신의 밝기는 20와트짜리 전구 정도다. 하지만 1) 부류의 사람보다는 낫다.

주로 3)을 고른 사람: 당신은 『잔혹한 세계사』의 독자답게 똑똑하고 매력적이고 비뚤어진 사람이다.

실제 역사에서 일어난 일은 모두 3)이다.

썩어빠진 로마

고 대 로마는 세계에서 가장 위대한 도시들 중 하나였다. 어떻게 그럴 수 있었을까? 그걸 안다면 여러분은 자신의 학교를 세계에서 가장 위대한 학교로 만들 수 있다! 선생님은 흔히 이렇게 묻는다. 무엇이 로마를 위대하게 만들었을까? 다음은 그런 질문에 대한 몇 가지 대답이다.

로마 시를 위대하게 만든 것은 무엇인가?
답 : 화장실

도시가 점점 커지면 그에 따라 인간의 배설물도 많아지게 된다. 로마는 그 문제를 다음의 두 가지 방법으로 처리했다.

1. 대규모 하수도를 지어 배설물을 테베레 강으로 흘려보낸 다음 바다로 내보냈다. 그 하수도는 건초를 가득 실은 수레가 지나갈 수 있을 만큼 컸다. 물론 거길 지나가고 싶진 않겠지만!

2. 공중화장실. 315년 로마에는 144개의 공중화장실이 있었다. 심지어 거리 한 구석에는 남자들이 소변을 볼 수 있는 요강도 있었다. 요강이 가득 차면 가져가서 세탁하는 데 사용했다. 로마 식 정장인 '토가'는 바로 오줌으로 빨았던 것이다.

기발한 답이구나, 강오야.
화장실 분야에 아주 해박한걸.
늘 화장실에 숨어 있더니, 이런 걸
연구했나 보지? 어쨌든
훌륭한 답이다.
90점

답 : 소방수

도시의 건물들은 대개 나무와 흙벽돌로 지었다. 그래서 화재가 나기 쉬웠다. 로마도 그랬다. 게다가 로마 인들은 아파트 같은 밀집 주택에서 살았고 노천에서 불을 피워 음식을 요리해 먹었으므로 아주 위험했다!
어느 날 크라수스라는 부자는 500명이나 되는 노예들을 소방대로 편성했다.
어느 집에 불이 나면 그는 이렇게 제안했다.
"당신 집을 싸게 판다면 내가 불을 꺼 주지."
상대방이 거절하면 그는 집이 불에 다 탈 때까지 보고만 있었다. 상대방이 제안을 받아들이면 그 집은 그의 것이 되었다.
그가 죽은 뒤 아우구스투스 황제는 소방대를 조직하고 자나깨나 불을 감시하는 인력을 배치했다. 모든 화재를 막을 순 없었지만 (62년에는 아주 큰 불이 났었다.)
그런 노력은 확실히 효과가 있었다.

글씨를 깨끗하게 잘 썼구나.
아버지가 소방관이시지?
너도 나중에 소방관이 될 거니?
그래서 이런 답을 쓴 거야?
70점

답: 법과 질서

고대 도시는 위험한 곳이었다. 가로등도 없었고 강도가 들끓었다. 로마 인들은 군대에게 경찰의 역할을 맡겼다 범죄자들은 잔혹한 형벌을 받았다. 그들은 투기장으로 끌려가서 검투사가 되어 결사적으로 싸워야 했다. 설사 살아남는다 하더라도 더 뛰어난 검투사를 만나면 죽을 수 밖에 없었다. 이따금 곰, 악어, 사자 같은 맹수들과도 싸웠다.

이런 격투는 수천 명의 로마 인들이 지켜보는 가운데 벌어졌다. 시민들에게 격투는 좋은 오락이었다. 텔레비(전)을 보는 것보다 더 실감나는 구경거리였다. 텔레비전을

우리 학교에서도 그런 격투가 벌어진다면 나를 괴롭히는 동건이 녀석도 끝장날 것이다. 그 놈을 사자밥으로 던져 줬으면 좋겠다.

화상아, 어떡하지?
동건이를 잡아먹고 싶어하는 사자는 아무리 많은 것 같구나... 50점

답: 빵과 서커스

어떤 로마인은 이렇게 말했다. "모든 로마 농부들의 관심은 빵과 서커스다."

다른 도시에서는 걸핏하면 폭동과 반란이 일어나 파멸을 맞곤 했다. 그러나 로마의 왕들은 빈민들에게 많은 빵을 주었다. 또한 재미있는 오락으로 사람들을 위로했다. 예를 들면 서커스가 그런 것이다. 로마의 서커스는 지금처럼 어릿광대가 나오는 쇼가 아니라 전차 경주같은 거친 경기였다. 전차 경주는 붉은색, 흰색, 파란색, 녹색의 네 팀으로 나뉘어 했는데, 각기 팬들을 거느리고 있었다. 이 팬들은 축구 경기장의 훌리건처럼 서로 싸웠다. 하지만 적어도 독에게 덤비지는 않았다. (지배자)

로마는 재미있는 도시였다. 우리 도시도 그렇게 재미있으면 좋겠다.

로마는 폭력적이고 잔인한 곳이었다. 해서 살려라 가 바로 그게 즐겁지 않을 거야. 하지만 좋은 답이었다. 80점

답: 거위

기원전 390년 옛날 엣적에 ... 다. 그들은 한밤중에 몰래 로마를 침략했다. 로마인들은 모두 우리 아빠처럼 코를 골면서 자고 있었다. 하지만 거위들은 그 사나운 자들이 오는 소리를 듣고 일제히 울어대며 로마 인들을 깨웠다. 거위들이 아니었으면 로마는 그 때 이미 끝장났을 것이다.

난 거위를 좋아한다. 닭똥과 구운 감자를 곁들이면 맛이 그만이다.

잘 썼다, 병헌아. ... 40점

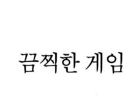

끔찍한 게임

로마 인들은 역사상 가장 혐오스러운 '게임'을 즐겼다. 그것은 수많은 군중이 환호하는 가운데 재미로 사람을 죽이는 피비린내 나는 게임이었다.

장례식장에서 부자들은 노예들에게 돈을 주고 한쪽이 죽을 때까지 싸움을 시켰다. 무덤에 피가 뿌려지면 죽은 사람이 천국에 갈 수 있다고 믿었던 것이다. 이런 무덤에서의 결투는 점차 유행했다. 기원전 264년에는 유니우스 브루투스 페라의 장례식 '게임' 포스터가 시내 곳곳은 물론이고 로마로 가는 도로마다 나붙어 있었다.

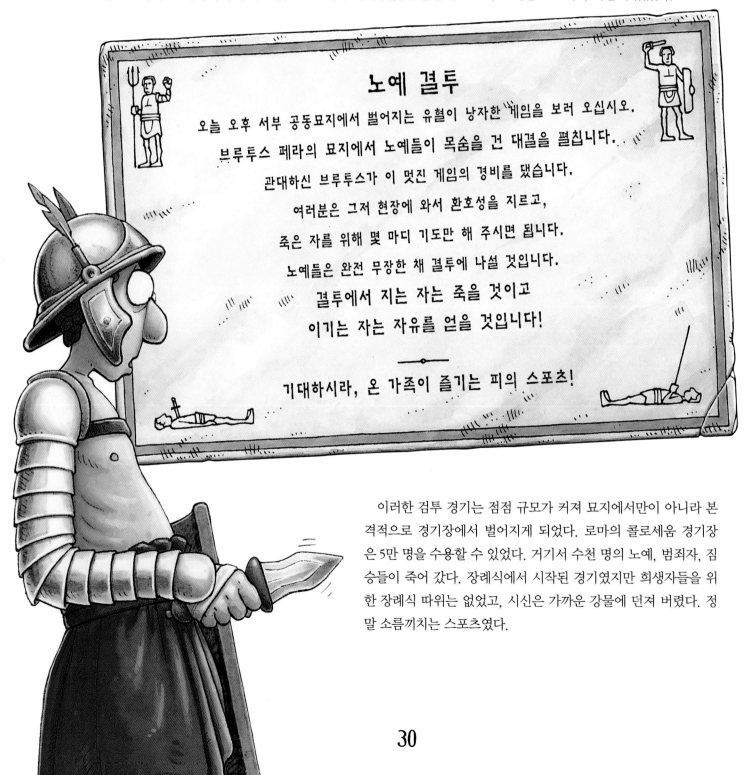

노예 결투

오늘 오후 서부 공동묘지에서 벌어지는 유혈이 낭자한 게임을 보러 오십시오.

브루투스 페라의 묘지에서 노예들이 목숨을 건 대결을 펼칩니다.

관대하신 브루투스가 이 멋진 게임의 경비를 댔습니다.

여러분은 그저 현장에 와서 환호성을 지르고,

죽은 자를 위해 몇 마디 기도만 해 주시면 됩니다.

노예들은 완전 무장한 채 결투에 나설 것입니다.

결투에서 지는 자는 죽을 것이고

이기는 자는 자유를 얻을 것입니다!

——————

기대하시라, 온 가족이 즐기는 피의 스포츠!

이러한 검투 경기는 점점 규모가 커져 묘지에서만이 아니라 본격적으로 경기장에서 벌어지게 되었다. 로마의 콜로세움 경기장은 5만 명을 수용할 수 있었다. 거기서 수천 명의 노예, 범죄자, 짐승들이 죽어 갔다. 장례식에서 시작된 경기였지만 희생자들을 위한 장례식 따위는 없었고, 시신은 가까운 강물에 던져 버렸다. 정말 소름끼치는 스포츠였다.

요건 몰랐지?

맹수가 사람을 잡아먹는 잔인한 게임을 즐긴 것은 로마 인들만이 아니었다. 끔찍한 공포에서 살아남은 누군가는 이렇게 말했다. "수용소에는 곰과 독수리가 들어 있는 우리가 있죠. 매일 경비병들은 죄수를 그 우리에 집어넣어요. 그러면 곰이 죄수의 몸을 갈기갈기 찢고 독수리가 뼈를 쪼아 먹죠."

2천 년 전 로마에서 있었던 일이냐고? 아니다. 불과 60년 전 카를 코흐와 그의 아내 일자 코흐가 관리하던 나치 수용소에서 벌어진 사건이다. 그 때의 증인들은 지금도 몇몇이 살아 있다. 잔혹한 역사는 현재까지도 되풀이되고 있다.

병아리 쏘아 맞히기!!!

오늘 정오에 동구 밖에서
병아리 쏘아 맞히기 대회가 열립니다.
열네 살짜리 소년들이 아홉 보 거리에서
병아리를 화살로 쏘아 맞히는 경기입니다.
병아리를 죽이는 소년이 승자가 됩니다!
소년들에게는 미래의 군인이 되기 위한
연습이, 구경꾼들에게는 재미있는
오락이 될 것입니다!

잔혹한 게임

로마 인들만 잔혹한 게임을 즐겼다고? 그렇지 않다. 예를 들어 중세 유럽에서는 이런 대회도 열렸다.

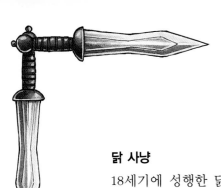

닭 사냥

18세기에 성행한 닭 사냥 대회도 상당히 잔인했다. 손에 붕대를 감고 마당에서 닭을 쫓는 경기다. 닭털을 먼저 뽑는 사람이 우승을 차지한다.

16세기에 러시아의 이반 뇌제는 시골 소녀들을 불러들여 잔혹한 '스포츠'를 즐겼는데…….

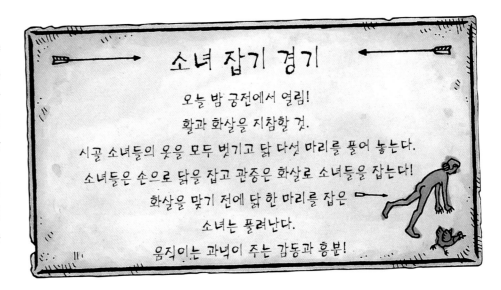

소녀 잡기 경기

오늘 밤 궁전에서 열림!
활과 화살을 지참할 것.
시골 소녀들의 옷을 모두 벗기고 닭 다섯 마리를 풀어 놓는다.
소녀들은 손으로 닭을 잡고 관중은 화살로 소녀들을 잡는다!
화살을 맞기 전에 닭 한 마리를 잡은
소녀는 풀려난다.
움직이는 과녁이 주는 감동과 흥분!

바람과 함께 사라지다

중세 후기에 일본의 사무라이들이 즐긴 스포츠도 있다(교실에서 하지 말 것. 체육 시간에 학교 운동장에서 하는 게 훨씬 바람직하다.).

쥐 잡기 놀이

이 스포츠는 19세기에 유럽에서 유행했지만 그 기원은 한참 전으로 거슬러 올라갈 것으로 생각된다.

뿡뿡이 대회

방귀에 일가견이 있습니까?
연을 날려 버릴 정도로 강한가요?
그렇다면 오늘 낮 시내 광장으로
나오십시오. 누구나 참가할 수 있습니다.
심사위원들 앞에서
방귀만 한 번 뀌면 됩니다.
가장 소리가 크고 가장 길게
방귀를 뀌는 사람에게
우승의 영광이 돌아갑니다!

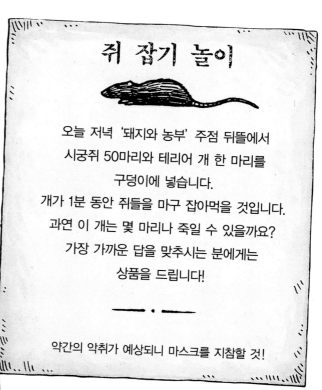

쥐 잡기 놀이

오늘 저녁 '돼지와 농부' 주점 뒤뜰에서
시궁쥐 50마리와 테리어 개 한 마리를
구덩이에 넣습니다.
개가 1분 동안 쥐들을 마구 잡아먹을 것입니다.
과연 이 개는 몇 마리나 죽일 수 있을까요?
가장 가까운 답을 맞추시는 분에게는
상품을 드립니다!

───·───

약간의 악취가 예상되니 마스크를 지참할 것!

아일랜드의 어느 농부는 사제들이 이 '스포츠'를 너무 즐긴다고 불평했다.

말굽 치기

쥐 잡기 놀이는 비록 잔인하지만 그래도 해로운 동물을 없애는 것이므로 이로운 놀이라고 볼 수도 있다. 하지만 말처럼 유용하고 중요한 동물이 죽을 때까지 싸우는 걸 보고 싶어하는 사람이 어디 있을까? 암흑 시대에 북부 독일에 살던 색슨 족이 바로 그런 사람들이었다!

말들의 권투

토요일 밤 마을 외곽에서 말싸움이 열립니다!
두 마리 말 중 한 쪽이 죽을 때까지 싸웁니다.
성질 사납기로 유명한 말들의 싸움은 정말 볼 만한
스포츠입니다. 뽀족한 막대기로 무장한 말 두 마리가
링에서 한판 대결을 펼칩니다. 막대기로 찌르고
발로 걷어차는 후련한 장면을 감상하십시오.
그 밖에 발굽을 뽀족하게 만든
말들의 싸움도 벌어집니다.
피가 비처럼 쏟아질 테니 우산을 준비하십시오!
말싸움 뒤에는 바비큐 파티가 있을 겁니다.
모두에게 싼 값으로 말고기 햄버거가 제공됩니다.

난폭한 바바리언

로마 인들과 그리스 인들은 자신들의 나라 바깥에 사는 사람들을 모두 바바리언, 즉 '말이 다른 사람'이라고 불렀다. 로마 인들과 그리스 인들이 듣기에는 그들의 말이 알아들을 수 없는 '바바바바' 소리로 들렸던 것이다. 옛날 역사책에는 바바리언들이 거칠고 잔인하고 사납고 사악하다고 되어 있다. 그러나 그것은 로마 인들이 쓴 역사책이니, 그들이 쓰고 싶은 대로 썼을 것이다.

대부분의 바바리언들은 그들 나름대로 열심히 살려고 했던 좋은 사람들이다. 요즘 우리는 행실이 좋지 않은 아이들을 두고 종종 바바리언 족들의 이름을 들먹인다. 예를 들면 "에이, 반달 족 같은 녀석!" 하면서. 그런데 과연 바바리언들이 그렇게 나쁜 사람들이었을까?

무식한 역사가들

로마의 역사가들은 대개 로마의 편을 들었지만 암미아누스 마르켈리누스 같은 역사가는 그렇지 않았다. 그는 로마 군대가 당한 최악의 패배를 숨기지 않고 기록했다. 그것은 378년 아드리아노플에서 벌어진 싸움이었다.

황제는 바바리언인 서고트 족을 공격하기로 결심했다. 그러나 하늘이 보이지 않을 만큼 먼지가 자욱했고 사방에서 끔찍한 비명 소리가 가득했다. 그 덕분에 빗발치듯 쏟아지는 화살이 제 구실을 했다. 로마 병사들은 연기와 먼지 속에서 화살이 날아오는 것을 보지 못했고, 전혀 방어하지 못했기 때문에 치명상을 입었다.

위대한 로마 군은 결국 먼지 때문에 패망한 것이다! 발렌스 황제는 그 전투에서 살아남았으나…….

발렌스 황제는 인근의 농장으로 몸을 피했지만 서고트 족에게 잡혀 불타 죽었다. 그들은 황제에게 항복하라고 했지만 황제의 친위대는 화살 세례로 응답했다. 결국 서고트 군은 그 집에 불을 질렀는데, 황제의 시신은 발견되지 않았다. 이 패배는 그 뒤 로마 제국의 멸망을 알리는 서곡이 되었다.

마르켈리누스의 말은 과연 옳았다. 로마는 바바리언들의 공격을 받아 멸망했다.

훈 족은 라인 강 동쪽 로마 제국의 경계선까지 진출했다. 그들은 반달 족을 강으로 밀어붙였다. 그러나 로마의 함대가 강을 수비하고 있었으므로 반달 족은 강을 건너지 못했다. 그래도 406년에 반달 족은 그 넓은 마인츠 강을 건넜다. 그것도 걸어서! 강이 얼어붙어 있었던 덕분이었다.

로마 군은 뒤로 밀리고 밀렸다. 독일에서 단 하룻밤 동안 강이 얼어붙는 바람에 로마 제국은 멸망할 지경에 처했다!

여기만 지나면 이탈리아에서 몇 주일은 견딜 수 있어.

409년 성 히에로니무스는 반달 족이 마인츠를 공략한 것에 대해 이런 편지를 썼다.

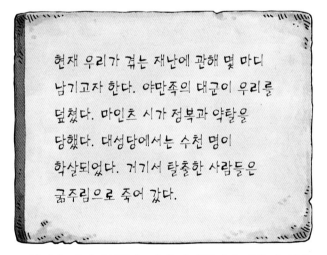

현재 우리가 겪는 재난에 관해 몇 마디 남기고자 한다. 야만족의 대군이 우리를 덮쳤다. 마인츠 시가 정복과 약탈을 당했다. 대성당에서는 수천 명이 학살되었다. 거기서 탈출한 사람들은 굶주림으로 죽어 갔다.

하지만 바바리언들은 이내 자기들끼리 싸우기 시작했다. 세계는 '암흑 시대', 즉 역사가들이 거의 기록을 남기지 않은 시대로 접어들었다. 그러므로 암흑 시대의 이야기를 말해 주는 것은 주로 무식한 역사가들이 아니라 다른 사람들이었다.

우둔한 수도사들과 시인들

암흑 시대에 관한 이야기를 남긴 사람들은 주로 수도사(달리 할 일이 없는 사람)와 시인(이야기로 먹고 사는 사람)들이었다. 물론 그 이야기도 잔혹하긴 마찬가지다.

투르 지방의 그레고리우스라는 수도사는 프랑크(프랑스) 민족의 역사를 썼다. 그는 500년경에 튀링겐 족(게르만 족의 하나)이 프랑크 족 포로들을 어떻게 처리했는지 말해 준다.

그들은 포로들의 몸을 허벅지의 힘줄로 나무에 매달았다. 또 200여 명의 처녀들을 죽였는데, 팔과 목을 말들한테 묶고 말들은 서로 다른 방향으로 뛰게 해서 사지를 찢어 죽였다.

물론 프랑크 족도 역시 잔혹한 보복으로 응수했다.

프랑크 족은 강물이 시신들로 가득 메워질 만큼 튀링겐 족을 많이 죽였다. 그 시신들이 다리와 같은 역할을 해서 그것들을 밟고 강을 건널 수 있을 정도였다. 튀링겐 족의 왕은 원래 살려 주기로 약속했었지만, 프랑크의 왕 테오도리쿠스는 그를 도시 성벽에서 떨어뜨려 죽였다.

저리 가!

악!

훈 족의 악행도 그에 못지않았다. 그 대표자는 단연 아틸라였다. 그가 인육을 먹었다는 이야기는 여러 문헌에 전해진다. 그러나 가장 끔찍한 것은 그의 아내인 구드룬이 아들 에르프와 에이틸의 심장을 그에게 저녁 식사로 대접했다는 이야기다. 그 이유는 아틸라가 구드룬의 오빠들을 살해했기 때문이다. 시인들은 수백 년 동안이나 이 이야기를 노래로 지어 불렀다.

> 구드룬은 아틸라에게 황금 술잔을 주며 말했다. "폐하께서 방금 드신 것은 꿀을 발라 구운 폐하의 아들들의 심장입니다. 용감한 폐하께서는 거뜬히 소화를 시킬 것입니다! 죽은 아들들의 고기를 축제의 음식처럼 드셨지요. 폐하는 에르프와 에이틸을 다시 볼 수 없습니다. 그들이 옥좌에 앉아 금을 하사하고, 창대를 다듬고, 말의 갈기를 손질하고, 말을 타고 달리는 모습을 다시는 보지 못합니다."
> 그러자 전사들 사이에서는 한바탕 소란이 일어났다. 격노한 노래가 들리고 훈 족의 아이들은 울었다. 그러나 구드룬은 자신이 죽인 사랑하는 자식들을 위해 눈물 한 방울 흘리지 않았다.

멍청한 수도사들

길다스 수도사는 독일에서 온 색슨 족과 앵글 족이 브리타니아*를 침공한 과정을 설명했다. 브리튼 족은 상당한 시련을 맞은 것이다.

> 바바리언들은 우리를 바다로 내몬다.
> 바다는 우리를 바바리언들에게로 내몬다.
> 우리는 바다에 빠져 죽거나 맞아 죽거나
> 둘 중 하나를 선택할 수밖에 없다.

그러나 570년에 죽은 길다스는 진짜 큰 문제를 보지 못했다. 793년에는 바이킹 족이 들이닥친 것이다.

막강한 바이킹 전사들은 누구를 공격했을까? 북해에 있는 린디스판이라는 작은 섬의 수도사들이었다. 바이킹은 무기도 없는 약한 사람들을 괴롭히려 했던 걸까?

아니면 수도사들이 자신들에 관해 쓴 글이 마음에 들지 않아서 그들을 죽인 걸까?

다음은 어느 수도사가 쓴 「앵글로색슨의 역사」라는 글이다.

> 793년, 노섬브리아의 하늘에 불길한 징조가 출현하여 많은 사람들을 공포에 질리게 했다. 번개가 크게 번쩍이더니 회오리바람과 용들이 창공에 보였다. 곧이어 큰 기근이 닥쳤다. 그 해 후반에는 바이킹의 침략으로 린디스판에 있는 교회가 파괴되었고 약탈을 당했다.

* 영국의 브리튼 섬에 대한 고대 로마 시대의 호칭.

바이킹 왕 이바르 더 본리스는 '피의 독수리'라는 새로운 고문 방법을 개발했다고 전해진다. 일설에 따르면 그것은 그가 포로로 잡은 노섬브리아 왕 에일라의 등에 독수리 문신을 새긴 것을 뜻한다고 한다.

또다른 설에 따르면 사람의 폐를 꺼내 등에 독수리 날개처럼 펼쳐 놓은 것을 뜻한다고도 한다. 진실은 어느 것일까?

어떤 역사 기록자들은 공포에 질린 수도사들이 새로운 기도문을 만들었다고 말하는데……

신이시여, 북쪽 사람들(노르만 인)의 분노로부터 저희를 구해 주시옵소서!

그런데 그 기도문은 바이킹의 침략이 있은 지 무려 천 년이 지난 1960년에 처음 나왔다! 그러니 책에 나왔다고 그대로 믿어선 안 되겠지?

훈 족에 관한 놀라운 사실들

1. 훈 족의 전사들은 시간을 아끼기 위해 말을 탄 채로 식사를 해야 했다. 그럼 음식을 어떻게 데웠을까? 안장 사이에 날고기를 가지고 다녔기 때문에, 말 등의 땀으로 고기는 늘 따뜻했다(맛은 있었을지 몰라도 냄새는 좀 났겠지?).

2. 훈 족의 아이들은 십대가 되면 얼굴에 상처를 냈다.

> 고기가 따끈따끈하겠군.

그러면 전쟁에 나갔을 때 강인해 보이고 적에게 무섭게 보이니까(따라하지 말 것. 자칫 너무 깊이 상처를 내면 부풀어올라 오히려 보기 싫다.).

> 저 상처 좀 봐! 아주 강인한 싸나이야.
> 에이, 아냐. 면도하다 벳는데 뭘.

3. 역사가인 암미아누스 마르켈리누스는 로마를 침략한 훈 족이 쥐 가죽으로 된 외투를 입었다고 말했다(뚱뚱한 전사라면 한 벌에 수백 마리의 쥐가 필요했을 거다.). 하지만 그건 마르켈리누스 같은 멍청이나 하는 소리다. 『잔혹한 세계사』 같은 책이 아니라면 책에 나온다고 절대 그대로 다 믿지 말 것.

쥐의 세계사

4. 훈 족은 자기 자식의 얼굴을 잡아 늘여 길게 만들었다. 갓 태어난 아기의 머리를 끈으로 묶어 연한 두개골이 길쭉하게 늘어나도록 한 것이다. 그랬으니 그들이 무섭게 보이는 것도 당연하다.

그런데 다른 야만족들 중에도 자기 자식의 머리를 훈 족처럼 만든 사람들이 있었다. 그것은 물론 훈 족을 위대한 전사이자 슈퍼 스타로 여겼기 때문이다! 마치 오늘날 인기 가수나 축구 선수의 헤어 스타일을 흉내내는 것과 같다.

> 안 된다고 했잖아!
> 너무해요! 다른 게르만 족 아이들은 다 훈 족 얼굴을 하고 있는데…….

5. 훈 족은 작은 말을 타고 일 주일에 2천여 킬로미터를 이동하면서 로마 제국을 휩쓸고 다녔다. 이것은 매일 마라톤 경기를 여덟 번이나 하는 것과 맞먹는다. 평생 동안 겨우 한 번 뛰는 사람들도 많은데! 물론 뛰어다닌 게 아니라 말을 타고 다닌 것이긴 하다. 그러니 말의 덩치가 작은 것도 이해가 간다. 아마 말들은 무척 피곤했을 것이다!

> 이번 작전에 성공한 기분이 어때?
> 좀 힘들었지!
> 늬들이 힘들었냐?

추잡한 전사들

어느 시대에나 군인들은 무수한 사람들을 죽였지만, 사람들은 매번 군인들에게 "이 잔인한 살인자야!"라고 말하지 않고 "장하네, 젊은이!"라고 말한다.

군대에도 학교처럼 규칙이 있다. 현대의 군인들은 여러분이 학교에서 교칙을 배우는 것처럼 군율을 배운다! 군인 두 사람이 서로 만나 정중하게 싸운다면 그 모습이 어떨까 상상해 보라!

오늘날에는 '제네바 협약'이라고 부르는 규칙이 있다. 제네바 협약은 1864년에 처음 합의되었다.

제네바 협약

전투에 적극적으로 가담하지 않은 사람들(무기를 들지 않은 군인·병자·부상자·포로 등)은 우호적으로 대해 주어야 한다.

1. 그들의 생명과 인격을 훼손하지 말아야 하며, 일체의 살인·잔혹 행위·고문을 금한다.
2. 부상자와 병자는 한데 모아 돌봐 줘야 한다.

물론 학생들이 교칙을 무시하는 것처럼 사람들은 할 수만 있다면 그런 규칙을 쉽게 무시한다! 역사 전반에 걸쳐 전쟁의 규칙은 시시때때로 달라졌다.

그러므로 전쟁에서 승리하려면 다음에 소개하는 규칙들을 잘 따라야 한다. 뭘 망설이는가? 나가서 세계를 정복하라.

『잔혹한 세계사』에서 배우는
전쟁의 규칙

1. 기원전 675년경에 그리스 인들은 '밀집 대형'을 이루어 싸우는 막강한 군대를 보유하고 있었다. 문제는 1열이 무너지면 2열이 쓰러진 동료들을 짓밟고 적과 싸워야 한다는 점이었다.

잔혹한 규칙 1. 등 뒤를 조심하라. 적이 너를 죽이지 않으면 동료가 너를 죽일 것이다.

2. 훈 족의 아틸라는 '공포'를 무기로 이용했다. 사람들은 패배할 경우 끔찍한 고통을 겪으리라 예상하고, 싸우기보다 항복을 택했다. 동고트 족의 지도자인 테오도리쿠스(454~526)는 아틸라를 본받았지만 방법은 달랐다. 그는 이탈리아의 라벤나에서 적인 오도아케르를 꺾고 조용하게 도시에 입성했다. 공포는 없었고 오도아케르도 살려 주었다. 그러나 이 주일 뒤에 그는 오도아케르를 축제에 초대해서 칼로 찔러 죽였다.

잔혹한 규칙 2. 친구가 되자고 말하는 적을 믿지 마라.

3. 2차 대전에서 아돌프 히틀러는 여성들까지 싸울 필요는 없다고 말했다. 그러나 1944년, 독일은 절박한 상태가 되자 여성들에게 영국 폭격기들을 향해 대공포를 쏘게 했다. 폭격기가 그 여성들을 공격하자 그들은 모두 달아났다. 독일은 그 여성들을 겁쟁이라는 이유로 처형했다.

잔혹한 규칙 3. 자기 편이라도 실망을 줄 경우에는 가차없이 대하라.

4. 일본의 오다 노부나가(1534~1582)는 전국을 통일하기 위해 싸우고 있었다. 그의 적들은 칼을 사용했지만 오다는 유럽에서 도입한 총을 썼다. 적들은 나무로 만든 배를 탔지만 오다는 쇠로 만든 배를 탔다. 이런 걸 싸움이라 할 수 있을까? 기관총을 상대로 콩알총을 쏘는 격이다. 물론 오다가 암살당할 때는 쇠 배도 도움이 되지 못했지만.

잔혹한 규칙 4. 군대를 가장 새롭고 가장 혐오스런 무기로 무장시켜라.

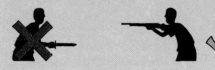

5. 투르크의 무라드 4세(1612~1640)는 보잘것 없는 인물이었으나 전쟁에서는 큰 승리를 거두었다. 그는 적이 연주한 곡을 연주하는 자는 무조건 처형했다. 그는 활 솜씨가 뛰어났는데, 걸핏하면 자기 앞을 지나가는 여자에게 연습 삼아 활을 겨누곤 했다.

잔혹한 규칙 5. 눈앞에 보이는 모든 사람을 목표물로 삼아 연습하라.

6. 1885년에 아프리카 수단의 마흐디는 하르툼에서 포위한 영국군을 굶겨 죽이려고 했다. 마흐디의 군대는 마침내

도시로 뚫고 들어가서 영국군의 고든 장군을 사로잡아 그의 목을 베었다. 마흐디는 기뻐했을까? 실은 몹시 화를 냈다. 그는 고든을 이용하여 영국군과 협상하려 했으므로 장대에 꽂힌 장군의 목은 필요가 없었다!

잔혹한 규칙 6. 때로는 살아 있는 적이 죽은 적보다 낫다.

7. 1415년에 헨리 5세의 영국군 6천 명은 아쟁쿠르 전투에서 프랑스 군 2만 5천 명을 물리쳤다. 프랑스의 기병들을 쓰러뜨린 것은 영국군 궁수들이었다. 이들의 장궁은 1분에 20발의 화살을 쏠 수 있었다. 영국군은 잔인했다. 프랑스 군 포로들이 반란을 일으킬까 두려워했던 영국군은 그들을 무자비하게 죽였다. 프랑스 군은 심지어 영국군이 포로들을 잡아먹었다고 주장했다!

잔혹한 규칙 7. 때로는 죽은 적이 살아 있는 적보다 낫다.

8. 중세의 기사들에게도 전투 규칙이 있었으나 그다지 정정당당하지는 않았다. 패한 적이 항복하는 뜻으로 백기를 들어도 적을 때려 죽일 수 있었던 것이다. 1862~1870년에 파라과이를 지배했던 프란시스코 로페스는 적의 부상병을 강에 처넣어 악어밥이 되게 했다. 적의 포로를 깔끔하게 처리하는 방법이었다.

잔혹한 규칙 8. 백기를 들면 겁쟁이라는 뜻이므로 마음대로 무시해도 좋다.

9. 에스파냐의 기사 로드리고 데 비바르(1040~1099)는 엘 시드라는 별명으로 더 유명했다. 그는 자신이 30일 안에 죽을 거라고 예견했는데, 과연 시간 맞춰 죽었다. 죽기 전에 그는 부하들에게 자신의 시신을 말에 태워 전쟁을 계속하라고 명했다. 죽은 뒤에도 한 번 더 군대를 지휘한 셈이다. 적군은 그의 시신을 보자 꽁무니를 빼고 달아났고, 군대는 전투에서 승리했다.

잔혹한 규칙 9. 죽음이라는 하찮은 일 때문에 전투를 멈춰서는 안 된다.

10. 1066년에 노르웨이 왕 하랄 3세는 바이킹을 이끌고 잉글랜드를 침략했다. 바이킹은 무적이었으나 그의 군대는 해럴드 고드윈슨에게 패배했다. 왜 그랬을까? 해럴드는 바이킹이 낮잠을 자고 있을 때 습격했다. 바이킹은 졸린 데다 무기도 갑옷도 없는 상태에서 당했다. 마치 독 안에 든 쥐를 잡는 것처럼 쉬웠다.

잔혹한 규칙 10. 적은 싸울 때보다 자고 있을 때 죽이기가 더 쉽다.

비겁한 기사

바리언들은 로마의 침공에 성공한 뒤 곧바로 로마 제국을 접수했다. 프랑크 족은 유럽의 가장 큰 몫인 프랑스를 떼어 냈다. 그들은 더 많은 몫을 차지하는 좋은 방법을 생각해 냈다. 병사들을 말에 앉히고 갑옷을 입히는 것이다. 기사들은 이런 식으로 적을 물리친 뒤 성을 쌓고 안에 들어가 숨었다.

기사들은 전투에도 '규칙'이 있어야 한다고 여기고 그것을 '기사도'라고 불렀다. 이 말은 지금 우리도 쓴다.

넘어진 사람을 걷어차면 안 돼. 여자를 때려도 안 되고…….

그렇다고 걱정할 건 없다. 기사가 해칠 수 있는 사람은 많이 있었고 교회도 그것을 축복했으니까.

중세 그리스도 교 기사들은 새로운 적을 찾아냈다. 이슬람 교를 믿는 사람, 바로 무슬림들이었다. 그래서 그들은 중동의 성지로 십자군 원정을 떠나 더 많은 땅과 금을 획득하고자 했다. 물론 예루살렘을 그리스도의 품에 되찾는 것도 표면상의 구실이긴 했다. 1099년, 십자군은 예루살렘을 정복하고 수많은 사람들을 학살했다.

그리스도 교 기사들은 오히려 무슬림에게서 많은 것을 배워야 했다. 1187년에 무슬림들은 예루살렘을 다시 빼앗았지만, 도시의 방어군만 죽였을 뿐 대량 학살을 저지르지는 않았던 것이다.

그런데 이 동방 원정 덕분에 유럽의 그리스도 교도들은 한 가지 커다란 대가를 치러야 했다. 그것은 바로 흑사병이다. 이 치명적인 전염병으로 유럽 인구의 $\frac{1}{4}$ 이상이 죽었다.

요건 몰랐지?

'세균전'은 적이 눈에 보이지 않기 때문에 비열한 전쟁이며, 그래서 주로 비열한 사람들이 이용한다.
• 1347년, 몽골 군은 전염병에 걸려 죽은 시신을 적의 도시인 카파에 투석기로 쏘아 집어넣었다.
  시민들이 병에 전염되어 항복하도록 하기 위한 것이다.
• 1758년, 아메리카 대륙에 온 영국인들은 인디언들에게 천연두로 죽은 환자의 담요를 주어 병을 전염시켰다.
• 2002년, 테러리스트들은 탄저 균이 든 편지를 적들에게 보냈다.
시대는 변해도 잔혹한 역사는 늘 되풀이된다.

기사의 삶

1090년대 십자군 원정에 참여한 레몽 다길리에르는 당시의 무자비한 학살을 이렇게 묘사했다.

사막에서 온 다길리에르의 증언

◀집에서 휴식을 취하고 있는 기사 레몽.
▲돌판을 배경으로 서 있는 레몽의 멋진 모습.

『기사 평론』은 세계적인 특종을 낚았다. 우리는 팔레스타인에서 돌아온 다길리에르를 만나 단독 인터뷰를 했다.

기사 평론: 예루살렘 탈환을 축하드리며, 인터뷰에 응해 주셔서 감사드립니다.

다길리에르: 고맙습니다. 하지만 유쾌한 경험은 아니었어요.

기사 평론: 적군이 많았나요?

다길리에르: 적군도 많았지만 민간인들도 많았어요.

기사 평론: 민간인들을 어떻게 했습니까?

다길리에르: 마구 죽였어요.

기사 평론: 기사답지 않군요.

다길리에르: 우린 거의 정신이 나갔었어요.

기사 평론: 그래서 민간인들을 죽였습니까?

다길리에르: 동정심이 많은 동료들은 그들의 머리만 자르기도 했어요.

기사 평론: 그럼 동정심이 없는 동료들은요?

다길리에르: 화살 세례를 퍼붓거나 묶어 놓고 불태워 죽였죠.

기사 평론: 끔찍하군요.

다길리에르: 직접 보기 전엔 믿어지지 않을 겁니다. 사람의 머리, 손, 발이 시내 곳곳에 쌓여 있었어요.

기사 평론: 이슬람 사원으로 도피한 무슬림들은 어떻게 했나요?

다길리에르: 거기서 가장 많이 죽였어요. 솔로몬 사원에서는 핏물이 말의 무릎까지 고였을 정도예요.

기사 평론: 정말 특별한 기사들의 특종 기사군요.

성의 해부

　허물어진 옛 건물의 모습을 보여 주는 역사책은 더러 있다. 하지만 이 책 『잔혹한 세계사』는 성을 허물어 그 내부를 보여 주는 방법을 취했다.

　우선 우리는 성을 완전히 해체했다. 그런 다음 화가를 불러 잔해를 그리게 한 뒤 성 안에 사람들이 많이 있는 1450년의 장면을 재현했다.

　그림에서 보듯이 우리의 삽화가는 그림 솜씨가 뛰어나지만 역사 지식은 신통치 못하다. 전문가들은 이 그림에서 잘못 그려진 것들을 찾아냈다. 즉 1450년에는 없는 게 이 그림에는 열 가지나 있다.

　우리는 화가를 쫓아내고 그림을 찢어 버릴까 하다가 그러지 않기로 결정했다! 그 대신 『잔혹한 세계사』의 독자들에게 그 잘못을 찾아내도록 부탁하기로 했다.

　식은 죽 먹기라고 생각하면 오산이다. 1450년에는 없었던 것을 무심코 지나쳐 버리기가 쉽다. 어디 한번 해 보시지!

- 5점 미만이면 여러분은 중세 학교에 가서 매를 맞아야 한다.
- 5~7점이면 보기만큼 어리석지는 않다.
- 8~9점이면 이런 퀴즈에 상당한 실력이 있는 것이므로 자랑해도 좋다. 중세 학교에 가도 매를 맞지는 않는다.
- 10점이라고? 아무도 10점을 받지는 못한다. 마지막 하나는 찾아내기가 쉽지 않다. 10점을 받았다면 여러분은 진짜 『잔혹한 세계사』의 독자가 될 자격이 충분하다.

정답은 83쪽에.

형편없는 보건

옛날 사람들은 지금 우리보다 강인했다. 불결한 음식, 더러운 물, 무서운 질병을 견뎌야 했으니까. 옛날 치료법 중에는 지금도 통하는 게 있다. 예를 들어 살갗이 부어오르면 개암나무를 약으로 쓰는 게 그렇다. 특히 중국에서는 침술이 지금도 여전히 만병통치약으로 쓰인다(선생님 의자에 제도용 펜을 꽂다가 들켰을 때 침술 연습 중이라고 변명하면 좋다!).

하지만 어떤 치료법은 너무 터무니없고 역겹기까지 하다. 다음은 중세 유럽에서 사용하던 치료법이다.

치통 멈추기

아기의 잇몸이 부었다고요?
걱정 마세요, 어머니.
확실한 치료법을 알려 드릴게요.

재료
커다란 토끼 한 마리

방법
먼저 토끼를 잡아 내장을 꺼내고
가죽을 벗긴다. 토끼의 머리를
잘라 낸 다음 몸통을 솥에 넣고
고기가 부드러워질 때까지
한 시간 동안 삶는다. 꺼내서 먹는다.
토끼 고기가 익는 동안 토끼의 귀를
들추고 뇌수를 조심스럽게
숟가락으로 떠낸다.
뇌수를 크림에 넣고 잘 섞어 만든
크림 뇌수를 아기의 부은
잇몸에 바른다.

아기가 말을 할 수 있다면
'냠냠'이라고 할 거예요!

주근깨 퇴치

아이의 얼굴이 햇볕에
노출되었을 때 갈색 반점이
생기지 않나요? 주근깨 때문에
친구들이 놀려 대지는 않나요?
이 신통한 치료법으로
말끔히 고치세요.

재료
토끼의 피, 제비의 눈알

방법
먼저 사냥개를 이용해서
토끼를 잡는다. 제비는 사냥개를
쓸 수 없으므로 잡기가 더 힘들다.
이럴 땐 그물을 사용하라.
토끼를 거꾸로 매달고 목을 딴다.
그 아래에 그릇을 놓지 않으면
바닥이 피로 더러워진다는 것을
명심할 것.
제비의 눈알을 파내서
토끼의 피가 담긴 그릇에 넣는다.
눈알과 피를 잘 섞는다.
그 혼합물을 얼굴에 바르고
하룻밤을 잔다.

매년 봄마다 이렇게 하면 피부를
깨끗하게 만들 수 있어요.

피부를 매끄럽게

여드름 때문에 고생하고 있나요?
다른 사람 앞에 나설 때는
종이 봉투라도 뒤집어쓰고
싶다고요? 거칠거칠한 피부를
매끄럽게 만들어 보세요!

재료
마늘 한 뿌리, 식용유 두 숟가락

방법
마늘을 쇠그릇에 넣고
재가 될 때까지 가열한다.
마늘 재를 식용유와 섞는다.
그 혼합물을 얼굴에 골고루 바른다.
매일 세 차례씩 바르면 여드름이
말끔히 사라진다.

주의
잿빛의 냄새나는 얼굴 때문에
친구들이 며칠 동안 왕따시킬 수
있으므로 집 안에서만 치료할 것!

아이의 얼굴 교정

이와 같은 치료법은 이상하게 보일지 모르지만, 아메리카 대륙의 원주민들은 아이가 더 예쁘게 보이도록 하기 위해 머리의 모양을 변형시키기도 했다! 잉카 인들은 아이의 머리를 뾰족하게 만들었고, 오리건의 아메리카 인디언들은 아이의 머리를 납작하게 만들었다. 어떻게 했을까?

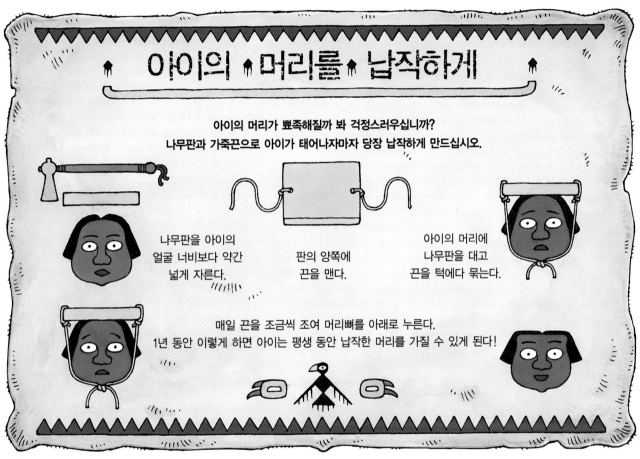

실제로 '플랫헤드(납작머리)'라는 아메리카 인디언 부족이 있었지만, 그들에게는 이런 괴상한 관습이 없었다.

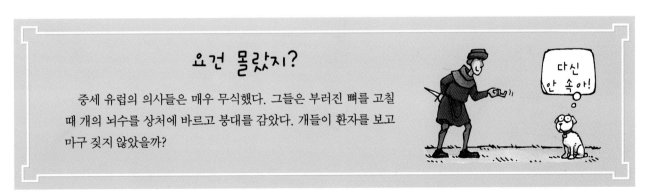

끔찍한 고문

어느 시대에나 무수히 많은 고문이 있었다. 심지어 중세에는 교회에서도 끔찍한 고문을 했다. 1200년경 유럽에서 교회는 교회의 규칙을 따르지 않는 사람들을 '이단자'라고 부르며 괴롭혔다.

교회가 유죄 판결을 내린 사람들에게 가한 형벌은 다양했다. 예를 들면 기도문을 복창하게 한다든가, 며칠 동안 굶긴다든가, 집과 땅을 몰수한다든가, 감옥에 가두는 것이었다. 이를 거부하는 자는 정부에 넘겨 형벌을 받게 했다.

물론 이단자라 해도 형벌을 면하기 위해 거짓말을 할 수는 있다. 그럼 교회는 그가 거짓말을 하고 있다는 것을 어떻게 알아 냈을까?

1252년에 교황 인노켄티우스 4세는 그 답을 찾아냈는데……

고문하라!

고문 기술자 토르케마다

1480년대, 에스파냐에서는 교회의 수도사가 곧 고문 기술자였다. 에스파냐 종교재판소의 책임자인 토마스 토르케마다는 교회의 명을 받아 사람들을 고문해서 이단자이거나 유대 인임을 자백하게 만들었다. 그러나 교회는 토마스에게 피를 흘리게 해서는 안 된다고 말했다. 그래서 그는 어떻게 했을까?

• 손가락을 조이는 기구를 이용하여 손톱을 뽑았다.
• 하얗게 달군 쇠젓가락으로 살점을 떼어 냈다(그러면 피가 나오기 전에 상처를 '지질' 수 있었으니까.).

• 불에 구웠다.
• 목구멍으로 물을 집어넣어 혼수상태로 만들었다.
• 손목과 발목에 추를 묶어 천장에 매달았다.

다음 중 누가 이단자, 유대 인, 마녀일까?
1) 일요일에 양말을 갈아 신는 자
2) 일요일에 바지를 갈아입는 자
3) 일요일에 대출 도서를 반납하고 새로 빌리는 자

정답: 2)
옛날 사람들은 토요일에 목욕을 하고 일요일에 깨끗한 바지를 갈아입었다. 그러나 유대 인들은 토요일에 목욕하거나 바지를 갈아입지 않았다. 그 까닭은 무엇일까?

48

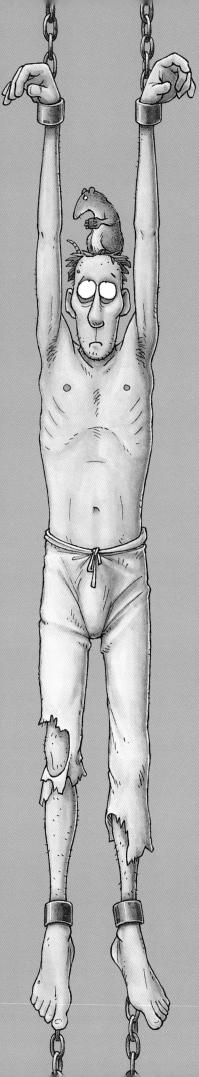

비운의 후스

천 년 동안이나 그리스도 교에서 최고의 권세를 누리던 가톨릭은 마침내 신교라는 강적을 만났다. 신교도들은 터무니없게도 이렇게 주장했다. "가톨릭 교회는 너무 부자다. 예수님이 말씀하셨듯이 교회는 가난한 사람들에게 더 많이 베풀어야 한다!" 이에 대해 교회는 이렇게 대답했다. "안 된다. 우린 돈이 많이 필요하다. 왜냐하면…… 왜냐하면 우린 부자가 되고 싶기 때문이다! 우리한테 돈을 더 줘야 하느님께서 죄를 용서해 주실 거다!"

영국의 존 위클리프(1328~1384)는 "우리는 사제가 필요 없다."고 외쳤다. 사제들은 "우리를 실업자로 만들 셈인가?"라고 항변했다. 양측은 각자 제 갈 길을 갔다.

그러나 얀 후스(1369~1415)가 보헤미아(체코공화국)에서 똑같은 말을 했을 때는 사제들이 무척 화를 냈다.

1415년에 얀이 죽은 뒤 그의 추종자들인 후스 파는 반란을 일으켰다. 그들은 수레에 대포를 장착한 신무기를 발명했다. 탱크가 제작되기 500년 전에 바퀴 달린 포가 탄생한 것이다. 신무기는 교회와 기사들을 상대로 큰 효과를 발휘했다. 하지만 농민들로 구성된 후스 파는 결국 모두 학살당하고 말았다.

가톨릭 교회와 맞설 수 있을 만큼 신교의 세력을 키운 사람은 독일의 마르틴 루터(1483~1546)였다.

루터는 어떻게 되었을까? 그도 후스처럼 교회의 초대를 받았으나 장작불의 열기로 죽지는 않았다. 가는 도중에 그는 감기에 걸려 열병으로 죽었다!

갖가지 형벌

짐승도 다른 생명을 죽인다. 그러나 상대방에게 가급적 천천히, 최대한 고통을 주면서 죽이는 것은 오로지 인간 뿐이다. 어떤 사람들은 단순히 고통스러워하는 모습을 즐기기 위해 고문을 가하기도 했다. 마치 아이들이 파리의 날개를 재미로 잡아 떼는 것과 비슷하다. 이런 고문을 당하는 사람들은 아마 빨리 죽기를 바랐을 것이다.

하인 괴롭히기

트란실바니아 백작부인 에르체베트 바토리는 1575년에 '헝가리의 검은 영웅' 페레네 나다스디와 결혼했다. 그들은 성 안의 게으른 하인들을 가려 내는 일을 시작했는데…….

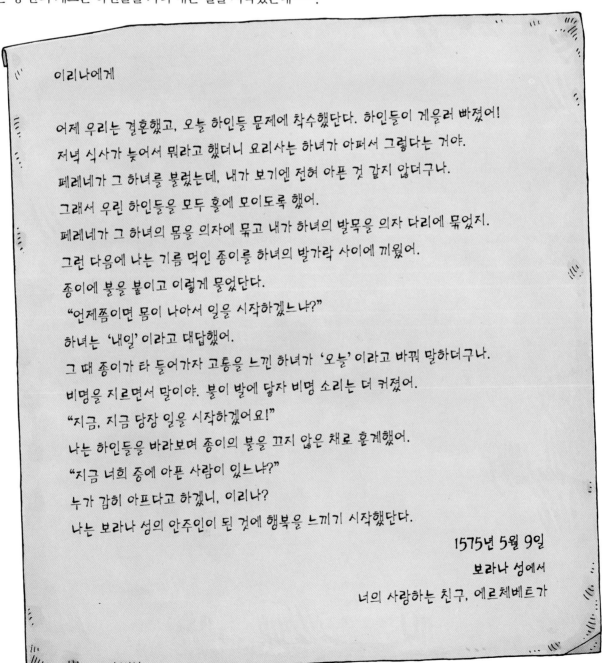

이리나에게

어제 우리는 결혼했고, 오늘 하인들 문제에 착수했단다. 하인들이 게을러 빠졌어!

저녁 식사가 늦어서 뭐라고 했더니 요리사는 하녀가 아퍼서 그렇다는 거야.

페레네가 그 하녀를 불렀는데, 내가 보기엔 전혀 아픈 것 같지 않더구나.

그래서 우린 하인들을 모두 홀에 모이도록 했어.

페레네가 그 하녀의 몸을 의자에 묶고 내가 하녀의 발목을 의자 다리에 묶었지.

그런 다음에 나는 기름 먹인 종이를 하녀의 발가락 사이에 끼웠어.

종이에 불을 붙이고 이렇게 물었단다.

"언제쯤이면 몸이 나아서 일을 시작하겠느냐?"

하녀는 '내일' 이라고 대답했어.

그 때 종이가 타 들어가자 고통을 느낀 하녀가 '오늘' 이라고 바꿔 말하더구나.

비명을 지르면서 말이야. 불이 발에 닿자 비명 소리는 더 커졌어.

"지금, 지금 당장 일을 시작하겠어요!"

나는 하인들을 바라보며 종이의 불을 끄지 않은 채로 훈계했어.

"지금 너희 중에 아픈 사람이 있느냐?"

누가 감히 아프다고 하겠니, 이리나?

나는 보라나 성의 안주인이 된 것에 행복을 느끼기 시작했단다.

1575년 5월 9일

보라나 성에서

너의 사랑하는 친구, 에르체베트가

페레네는 '꿀 고문'을 즐겼다. 농부를 잡아다가 몸에 꿀을 잔뜩 바른 다음 벌집 근처에 묶어 놓아 벌들이 마구 침을 쏘게 만드는 고문이었다.

그의 어여쁜 아내 에르체베트는 사람의 피가 자신의 젊음을 유지해 준다고 믿었다. 그래서 그녀는 소녀를 납치해서 소녀의 피로 목욕을 했다.

한번은 폴라라는 시골 처녀가 달아나려 한 적이 있었다. 에르체베트는 그녀를 잡아다가 뾰족한 칼날이 가득 든 우리 속에 집어넣었다. 그런 다음 우리를 마구

흔들자 폴라의 온몸은 피투성이가 되었다.

에르체베트는 시체를 처리하는 좋은 방법도 고안했다. 시체를 여러 조각으로 잘라서 마차를 타고 나들이를 갈 때 적당히 나누어 던져 버리는 것이었다.

에르체베트는 또한 독을 탄 물로 목욕을 해서 적을 죽이려 한 적도 있었다. 목욕을 한 다음 독이 든 목욕물로 케이크를 만들어 적들에게 먹게 한 것이다. 그러나 그들은 죽지 않고 배탈만 났을 뿐이었다.

요건 몰랐지?

- 러시아의 이반 뇌제는 어릴 때부터 못된 버릇을 가지고 있었다. 그는 개의 눈을 멀게 한 뒤 크렘린 광장에 있는 60미터 높이의 탑에서 떨어뜨렸다. 그런 다음에 계단을 내려와 고통에 몸부림치며 죽어 가는 모습을 지켜보았다. 하지만 자신의 사냥개들은 잘 먹였다. 한번은 슈이스키 공을 사냥개들에게 주어 산 채로 뜯어먹게 했으니까.

- 이반의 반대파였던 보리스 텔루파 공은 나무 막대에 찔려 죽었다. 그는 죽기까지 15시간 동안이나 고통에 시달렸는데, 이반은 그의 어머니를 불러 강제로 그 광경을 지켜보게 했다.

- 이반은 쇠촉이 달린 나무 막대를 가지고 다니다가 성가시게 구는 사람이 있으면 찌르곤 했다. 나중에 그는 심지어 자기 아들까지 그 막대로 찔러 죽였다.

그리스도 교의 고문

16세기의 그리스도 교회는 오로지 예수를 믿는 것만을 규칙으로 삼았다. 누구든 그 규칙을 어기면 교회의 벌을 받았다. 독일의 어느 고문 기술자는 악마에게 영혼을 사로잡힌 여자를 구한다는 구실로 자신의 모든 고문 장비를 사용했다.

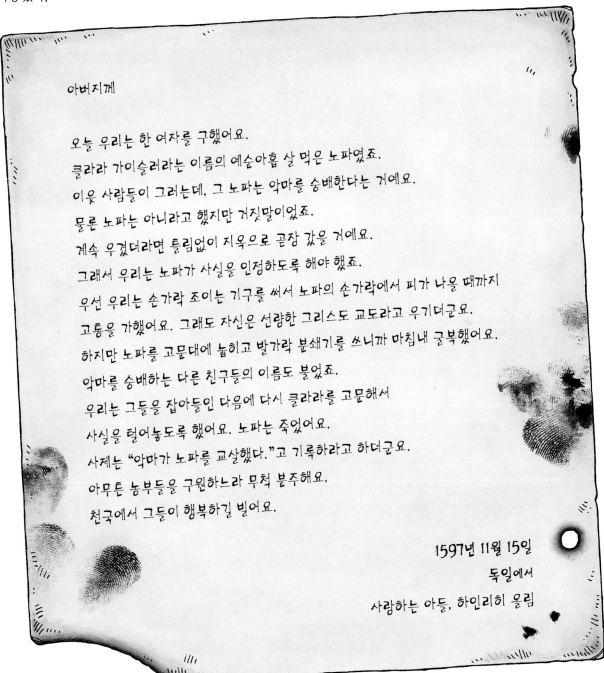

아버지께

오늘 우리는 한 여자를 구했어요.
클라라 가이슬러라는 이름의 예순아홉 살 먹은 노파였죠.
이웃 사람들이 그러는데, 그 노파는 악마를 숭배한다는 거예요.
물론 노파는 아니라고 했지만 거짓말이었죠.
계속 우겼더라면 틀림없이 지옥으로 곧장 갔을 거예요.
그래서 우리는 노파가 사실을 인정하도록 해야 했죠.
우선 우리는 손가락 조이는 기구를 써서 노파의 손가락에서 피가 나올 때까지
고통을 가했어요. 그래도 자신은 선량한 그리스도 교도라고 우기더군요.
하지만 노파를 고문대에 눕히고 발가락 분쇄기를 쓰니까 마침내 굴복했어요.
악마를 숭배하는 다른 친구들의 이름도 불었죠.
우리는 그들을 잡아들인 다음에 다시 클라라를 고문해서
사실을 털어놓도록 했어요. 노파는 죽었어요.
사제는 "악마가 노파를 교살했다."고 기록하라고 하더군요.
아무튼 농부들을 구원하느라 무척 분주해요.
천국에서 그들이 행복하길 빌어요.

1597년 11월 15일
독일에서
사랑하는 아들, 하인리히 올림

물론 그들은 클라라가 죽지 않았어도 결국에는 처형했을 것이다.
생각이 바뀌는 걸 막으려면 그 방법밖에 없으니까!

캐나다식 요리

그로부터 몇 년 뒤 프랑스의 사제가 아메리카 인디언들을 교화시키기 위해 캐나다로 갔다. 원주민들은 나름대로 이방인을 처리하는 방식을 가지고 있었는데…….

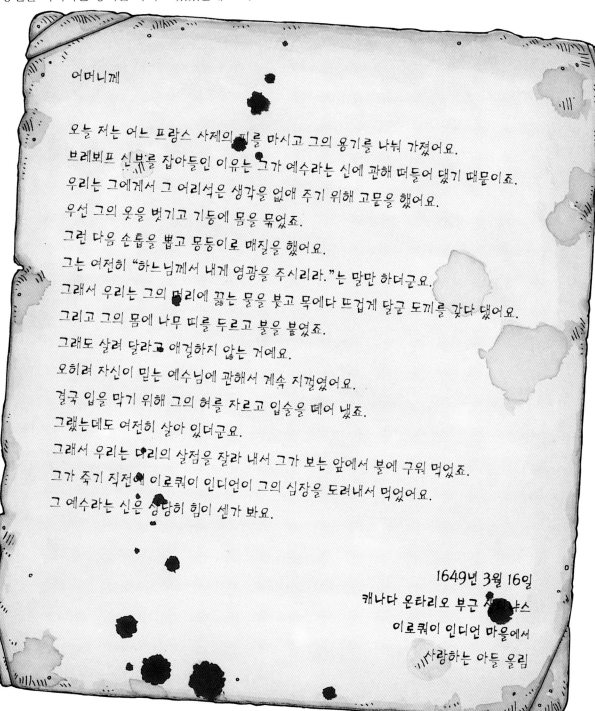

어머니께

오늘 저는 어느 프랑스 사제의 피를 마시고 그의 용기를 나눠 가졌어요.
브레뵈프 신부를 잡아들인 이유는 그가 예수라는 신에 관해 떠들어 댔기 때문이죠.
우리는 그에게서 그 어리석은 생각을 없애 주기 위해 고문을 했어요.
우선 그의 옷을 벗기고 기둥에 몸을 묶었죠.
그런 다음 손톱을 뽑고 몽둥이로 매질을 했어요.
그는 여전히 "하느님께서 내게 영광을 주시리라."는 말만 하더군요.
그래서 우리는 그의 머리에 끓는 물을 붓고 목에다 뜨겁게 달군 도끼를 갖다 댔어요.
그리고 그의 몸에 나무 띠를 두르고 불을 붙였죠.
그래도 살려 달라고 애걸하지 않는 거예요.
오히려 자신이 믿는 예수님에 관해서 계속 지껄였어요.
결국 입을 막기 위해 그의 혀를 자르고 입술을 떼어 냈죠.
그랬는데도 여전히 살아 있더군요.
그래서 우리는 다리의 살점을 잘라 내서 그가 보는 앞에서 불에 구워 먹었죠.
그가 죽기 직전에 이로쿼이 인디언이 그의 심장을 도려내서 먹었어요.
그 예수라는 신은 상당히 힘이 센가 봐요.

1649년 3월 16일
캐나다 온타리오 부근 생 이냐스
이로쿼이 인디언 마을에서

사랑하는 아들 올림

브레뵈프의 머리는 퀘벡의 오텔디외에 유물로 보관되어 있다.

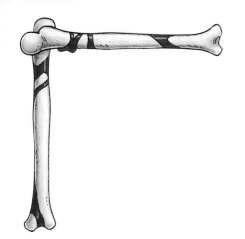

인신 제사

인간이 아메리카 대륙으로 이주한 것은 수십만 년 전이었다. 그 뒤 그들은 다른 세계와 단절된 채 독자적으로 살았다. 사람을 제물로 바치는 인신 제사만 해도 그들의 관습은 좀 달랐다. 물론 희생자들이 죽는 것은 마찬가지였지만 아메리카 민족들은 그 과정을 더 고통스럽게 만들었다.

아메리카 대륙에서 처음으로 인신 제사를 지낸 부족은 페루 북부의 모치카 족일 것이다. 이들은 전쟁 포로의 머리를 부수고 피를 마셨다. 그 다음에 등장한 마야 족과 아스텍 족은 세계 역사상 가장 야만적인 민족으로 꼽힌다.

마야 족의 인신 제사는 다음과 같은 절차로 진행되었다.

- 내장을 꺼낸다.
- 손톱을 뽑는다.
- 희생자는 피를 흘리며 서서히 죽는다.
- 가죽을 벗긴다.

이 가운데 아스텍 족이 모방한 것은 맨 마지막 절차다. 1487년에 아스텍 족은 불과 나흘 만에 2만 명을 제물로 바쳤다. 제물의 행렬은 네 줄로, 무려 3킬로미터가 넘을 정도로 길게 늘어섰다.

어떤 사람들은 제물이 된 것을 자랑스럽게 여기기도 했다. 에스파냐 인들이 구해 준 제물들 중에는 화를 내는 사람도 있었다. 그들은 기꺼이 제물이 되고자 했던 것이다.

안녕, 여러분!
오늘은 태양신께 행운의 제물을 어떻게 바치는지 보여 줄게.
먼저 제물을 잘 씻어야겠지?

그리고 제물에게 태양신의 옷을 입힌 다음 가파른 계단을 올라 30미터 높이의 탑 꼭대기로 데려가.

탑 위에서 사제 네 명이 제물의 팔과 다리를 붙잡고 있는 동안 아주 잘 드는 돌칼을 치켜든단다.

얘들아,
물론 이 일은 어른들이 해야 돼.
잘못하다간 손을 벨 수도 있으니까.

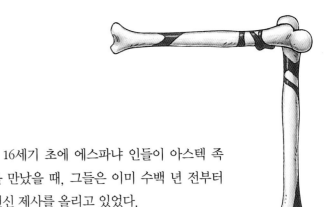

요건 몰랐지?

아스텍 족은 아이들이 눈물을 흘리면 비가 내리고 옥수수가 더 잘 자란다고 믿었다. 그래서 아이들을 산꼭대기로 데려가서 동굴에 가둔 다음 입구를 막고 아이들이 배고파 울도록 했다. 아이들이 더 많이 울수록 많은 비가 내린다고 여겼기 때문이다.

16세기 초에 에스파냐 인들이 아스텍 족을 만났을 때, 그들은 이미 수백 년 전부터 인신 제사를 올리고 있었다.

그 끔찍한 광경을 목격한 베르날 디아스 델 카스티요는 이렇게 썼다.

그들은 팔, 다리, 머리를 자른 다음 잔치를 열어 그것들을 먹었다. 머리들은 나무 들보에 걸어 놓았다. 희생자의 몸통은 먹지 않고 신전을 지키는 뱀들에게 먹이로 주었다. 너무 끔찍한 광경이라서 마치 지옥에 있는 듯한 느낌이었다.

사제가 제물의 가죽을 벗겨 20일 동안이나 그 가죽을 옷처럼 입기도 했다. 사제들은 머리를 감거나 옷을 갈아입지 않았으므로 몸에서 아주 지독한 냄새가 났다.

다음 동작은 아주 빠르니까 주의해서 봐야 돼. 가슴을 절개하고 심장을 꺼내는 게 한 동작으로 이루어진단다.

이렇게 높이 쳐들고 있는데도 아직 심장이 뛰는 것 좀 봐.

몸통을 계단 밑으로 굴려 떨어뜨리면 도살자가 달려들어 해체한단다. 이 맛있는 고기로 나중에 멋진 파티를 열겠지?

이건 미리 준비해 둔 고기란다. 먹기 전에 반드시 손을 잘 씻어야 한다는 걸 잊지 마라.

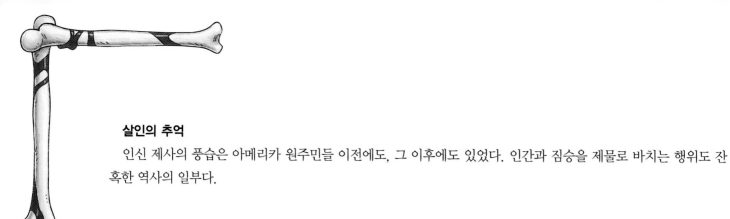

살인의 추억

인신 제사의 풍습은 아메리카 원주민들 이전에도, 그 이후에도 있었다. 인간과 짐승을 제물로 바치는 행위도 잔혹한 역사의 일부다.

1. 고대 중동에서 히브리 지도자인 입다는 신과 이런 약속을 했다. "이 전투에서 암몬 족을 물리치도록 해 주신다면 제가 집에 돌아갔을 때 첫 번째로 문을 열고 나오는 자를 제물로 바치겠나이다." 전투에서 승리한 입다를 마중 나온 건 바로 그의 고명딸이었다. 딸은 산 채로 불태워졌다. 입다는 분명 후회했을 것이다.

2. 고대 일본, 중국, 메소포타미아, 이집트에서는 주인이 죽었을 때 하인들을 함께 매장하는 풍습이 있었다. 산 채로 묻히는 경우도 흔했다. 중국의 이런 풍습은 16세기까지 존속했다.

중세 아프리카에서는 왕의 노예들을 무덤의 바닥에 눕히고 왕의 시신을 그 위에 올려놓았다. 보르네오에서는 죽은 왕의 노예들이 왕의 관에 못박혀 함께 매장되었다.

3. 고대 그리스에서는 짐승을 제물로 바치기 전에 짐승의 동의를 얻어야 했다. 그래서 사제는 짐승에게 "자넬 죽여도 좋겠는가?"라고 물은 다음 짐승의 머리에 물을 뿌렸다. 그러면 짐승은 대부분 고개를 끄덕이며 "마음대로 나를 죽이게."라고 대답하는 듯한 자세를 취했다.

4. 브리타니아에 온 로마 인들은 드루이드라고 불리는 켈트 족의 사제들이 짐승이나 사람을 '버드나무 인형'에 넣고 제물로 바치는 것을 보았다. 그게 뭐냐고? 나무와 짚으로 커다란 인형을 만들어 야생 동물, 소, 사람을 집어넣은 것이다. 드루이드는 짚에 불을 붙이고 뒤로 물러나서 비명 소리를 감상하고 모닥불을 구경했다. 화끈했겠지?

5. 바이킹들은 축제 때 소를 제물로 바친 뒤 그것을 먹었다. 신선한 소의 피를 음식에 뿌려 먹기도 했다. 웩~ 끔찍해라! 스웨덴의 바이킹은 9년마다 아홉 가지 종류의 짐승들을 제물로 바치고 나무에 걸어 썩도록 내버려 두었다.

독일 브레멘의 작가 아담은 이렇게 썼다.

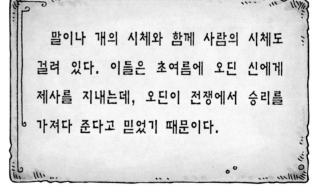

> 말이나 개의 시체와 함께 사람의 시체도 걸려 있다. 이들은 초여름에 오딘 신에게 제사를 지내는데, 오딘이 전쟁에서 승리를 가져다 준다고 믿었기 때문이다.

11세기 무렵 바이킹을 제외한 다른 유럽 민족들은 그리스도 교를 받아들여 그런 제사의 관습이 사라졌다.

6. 고대 중국에는 비가 오게 하기 위해 아이를 제물로 바치는 못된 관습이 있었다. 부잣집 아이를 골라 깊은 시냇물에 빠뜨려 죽이는 것이었다.

7. 초기 그리스도 교도들은 제물을 바치는 제사를 믿지 않았다(그들은 예수 자신이 십자가에 못박혀 가장 큰 제물이 되었다고 여겼다.). 하지만 일부 교도들은 예수가 죽은 지 수백 년 뒤에도 여전히 제물을 바쳤다. 말들이 제물로 희생된 경우를 보면 이렇다.

• 1216년 잉글랜드의 존 왕이 죽었을 때
• 1318년 독일에 새 수도원이 건립되었을 때
• 1897년 영국에 감리교 예배당이 세워졌을 때(이 때는 말 머리에 맥주를 뿌리고 벽에 벽돌처럼 끼워넣었다.)

8. 고대 유럽에서는 켈트 족이 미래를 내다보기 위해 인신 제사를 지냈다. 그리스의 작가 스트라보는 이렇게 말했다.

> 켈트 족은 제물의 가슴 아래를 칼로 찔러 쓰러지는 모습, 팔과 다리가 움직이는 모습, 피가 분출하는 모습을 보고 미래를 내다본다.

스트라보에 따르면 켈트 족은 사람의 등을 찌르거나 화살로 쏘아 제물로 바치기도 했다고 한다.

9. 바이킹 전사가 죽으면 친구들은 그의 여자 노예를 죽여 바이킹의 천국으로 함께 보냈다. 921년, 러시아에서 어느 아랍 상인은 바이킹식 제사를 보았다. 여자 노예는 맥주 1리터를 마시고 울부짖었다. "돌아가신 아버지와 어머니가 보여요. 죽은 친척들이 보여요. 천국에 계신 주인님도 보여요. 저를 데려가 주세요!"(만약 그녀가 정말 죽은 사람들을 보았다면 그 맥주는 아주 독한 것이었음에 틀림없다.) 그런 다음 노예는 작별의 노래를 불렀다. 문제는 노래가 너무 길어 집행인이 빨리

하라고 다그쳐야 했다는 점이다. 노래를 마치자 사람들은 소녀의 목을 조르고 칼로 찔러 죽였다.

제물이 되었기 때문이야.

노래가 너무 길었기 때문이기도 하고.

10. 일본의 유명한 장군인 도쿠가와 이에야스(1543~1616)는 선한 사람이었기 때문에 그 지위에 오른 게 아니었다. 그가 모시던 영주는 그에게 충성심을 증명하라면서 이렇게 명했다. "이에야스, 네 아내를 죽여라." 도쿠가와는 그대로 따랐다. 그러자 영주는 또 명령을 내렸다. "네 아들에게 자살하라고 명해라." 이번에도 그는 명령을 따랐다. 권좌에 오르기 위해 여러분의 아빠가 여러분에게 자살하라고 한다면 어떻게 될까?

요건 몰랐지?

기원전 100년, 인도에서는 힌두 교도의 남자가 죽으면 그의 아내도 불 속에 몸을 던져 죽어야 했다(하긴, 돈을 벌어다 주는 남편이 없어 서서히 굶어 죽는 것보다는 나을지도 모른다.).

이런 자살 방식을 '수티'라고 불렀는데, 한마디로 숯이 되는 셈이다.

이 관습은 1829년에 법으로 금지되었다.

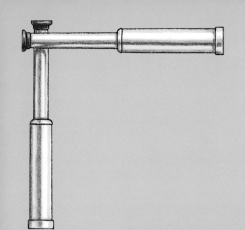

탐욕과 탐험

1492년, 크리스토퍼 콜럼버스가 첫 발을 내디딘 이후, 유럽 인들은 봇물처럼 아메리카 대륙으로 밀어닥쳤다. 그들은 토레몰리노스(에스파냐 남부의 유명한 해변 관광지)를 찾는 관광객들처럼 부지런히 오갔다. 그러나 관광객들과는 달리 유럽 인들은 현지에 돈을 풀러 온 게 아니었다. 그들은 금을 빼앗고, 원주민들을 노예로 팔았으며, 저항하면 마구잡이로 학살했다.

바다를 누비고 다닌 영웅들은 시인들이 즐겨 다루는 소재였다. 특히 영국의 프랜시스 드레이크(1540~1596)가 인기를 누렸는데, 에스파냐의 한 시인도 그에 관한 시를 썼다.

에스파냐 인들은 드레이크의 이름을 '드레이크'라고 부르지 않고 '드라코', 즉 '드래건(용)'이라고 불렀다. 시인 로페 데 베가가 드레이크에 관해 쓴 시는 이렇다.

> 그의 파란 눈은 새벽의 빛을 닮았고
> 그의 거친 숨결은 하늘 높이 불꽃을 토하네.
> 그의 콧구멍은 먹구름을 내뿜고
> 그의 혀는 하늘에 번지는 화염이라네.

하지만 에스파냐의 영웅들에 관해 쓴 시와 노래가 더 많았어야 하지 않을까? 여기서 시와 노래를 지어 보는 건 어떨까?

크리스토퍼 콜럼버스(1451~1506)

에스파냐의 왕과 여왕을 위해 아메리카 대륙을 발견한 이탈리아 인이다. 작곡에 관심 있는 사람은 다음에 소개하는 콜럼버스 찬가에 적당한 곡조를 붙여 보기 바란다.

> 잔인한 콜럼버스, 바다를 다스린 콜럼버스
> 아라와크 족 인디언들을 노예로 만들었다네.
> 아라와크 족을 한숨짓게 하고
> 인디언의 코와 귀를 자른
> 잔인한 콜럼버스, 그의 악행은 끝도 없지.
> 달아난 노예는 사냥개에 물려 죽었다네.
> 잔인한 콜럼버스, 그는 바다 건너 에스파냐로 돌아갔지만
> 세상은 두 번 다시 평화를 찾지 못하리.

에르난 코르테스(1485~1547)

코르테스가 멕시코 땅에 도착했을 때, 아스텍 족은 사람의 심장을 도려내고 적의 몸뚱이를 먹으면서 대체로 행복한 나날을 보내고 있었다. 그러나 코르테스는 그런 관습을 없애 버렸다. 아스텍 족이 코르테스를 자신들의 신인 케찰코아틀이라고 믿는 바람에 에스파냐 군대는 적은 병력으로도 쉽게 그들을 정복할 수 있었다.

1521년에 멕시코에 온 에르난 코르테스
아스텍 족은 그가 태양에서 내려온 신이라고 믿었지.
제물의 심장을 파내고 인육을 먹던 아스텍의 사람들,
코르테스는 용감하게 외쳤지. "그럼 안 돼! 그건 끔찍한 짓이야!"

그러자 분노한 아스텍 족은 우리의 영웅을 상대로 싸움을 시작했고
영웅은 총칼로 그들을 도륙했네.
아스텍 족은 자기들의 왕인 몬테수마에게 등을 돌렸고
왕을 막대기와 돌로 무참히 죽였다네.

코르테스는 말했지. "그대들의 새 왕은 에스파냐 왕이다.
왕은 그대들의 금과 은을 원하신다!" 오, 이런!
하지만 코르테스를 시샘하는 경쟁자들은 결국 그를 무너뜨렸지.
그는 에스파냐로 귀국해서 가난하게 살다 늙어 죽었다네.

운율이 전혀 맞지 않지만 눈감아 주길.
시를 쓴다는 건 무척 어려운 일이니까.

콩!

이크!

프란시스코 피사로(1475~1541)

1531년에 피사로는 금과 은을 찾아서 페루를 향해 떠났다. 흔한 이야기 같지만 당시 그의 나이는 무려 쉰여섯 살이었다.

늙은 이 몸이 맑은 날씨에 낡은 배를 타고 밝은 금을 가져오리라.

잘났어.

그가 만난 잉카 족은 아스텍 족처럼 심장을 도려내는 민족이 아니었다. 그들의 관습은 그저 산꼭대기에서 제물이 된 아이의 머리를 부수는 정도의 사소한 것이었다. 그렇다면 몸값을 받고도 잉카의 왕 아타우알파를 목 졸라 죽인 피사로의 악행과 비슷하다고 할 수 있을까?

피사로에게는 이런 노래가 어울릴 것이다.

피사로는 페루로 가서 잉카 족장을 만났네.
"금을 주면 풀어 주지. 난 도둑이 아니잖은가?"
잉카의 왕 아타우알파는 금을 바쳤지.
하지만 피사로는 풀어 주지 않고 금만 챙겼다네.

"그대가 나를 해칠 음모를 꾸민다고 들었다.
에스파냐 가톨릭 교도에게 그건 죄악이야. 너를 불태워 죽이겠다!"
피사로의 으름장에 아타우알파는 질겁했지.
"잠깐! 너희가 날 풀어 준다면 나도 그리스도 교로 개종하겠다."

피사로! 피사로! 용감한 전사, 교활한 사기꾼!
그는 늙은 나이에 잉카의 많은 황금을 얻었다네.

아타우알파가 세례를 받자 피사로는 말했지.
"잘했어! 이제 구원을 받았으니 불태워 죽이지는 않아.
마당에 나가 그대의 영혼을 구해 주겠네."
왕이 나오자 병사들은 그를 목 졸라 죽여 버렸지.

그는 왕을 죽이면 잉카 전사들이 혼란에 빠질 거라 생각했지.
과연 왕을 잃은 적들은 넋을 잃었다네.
"똑똑히 보았느냐? 두목이 없으면 이렇게 된다는 걸.
내 비록 늙었으나 너희의 지도자가 되리라."

피사로! 피사로! 용감한 전사, 교활한 사기꾼!
그는 늙은 나이에 잉카의 많은 황금을 얻었다네.

피사로는 본국의 왕에게 엄청난 금을 가져다 주고
아무 문제 없이 페루의 잉카 족을 다스렸다네.
오히려 문제는 에스파냐 친구들,
그들은 작당하고 피사로를 죽였지.

피사로! 피사로! 용감한 전사, 교활한 사기꾼!
에스파냐의 검이 예순여섯의 그를 죽였다네.*

콜럼버스와 코르테스처럼 피사로도 원주민들과는 잘 지냈으나 에스파냐 동료들의 시기를 받은 것이다. 역사의 교훈? 친구를 믿지 말고 차라리 적을 믿어라!

---

* 피사로가 죽은 날은 1541년 6월 26일이지만 그가 언제 태어났는지는 모른다. 그러니까 그는 예순다섯 살로 죽었을 수도 있다. 하지만 그까짓 게 중요할까? 아무튼 그는 연금을 받을 나이에 무덤으로 갔다.

여자의 운명

역사에는 유명한 남자들이 많이 등장한다. 대부분 왕이거나 전사이거나 작가들이다. 그래서 역사, 즉 히스토리 (history)는 주로 '히(He) 스토리' 다. 여성의 운명은 대개 불행했다.

아들 없어 죽은 앤 불린

1533년에서 1536년까지 영국의 왕비였던 앤은 영국인들의 미움을 받았다. 그래서 국왕 헨리 8세는 불쌍한 아내의 목을 베는 한이 있더라도 앤을 사악한 마녀로 만들고자 마음먹었다. '히스토리' 가 사실을 어떻게 왜곡하는지 볼까?

튜더 타임스

돼지 팝니다! 17쪽

1536년 5월 19일 금요일

퉁방울눈의 여인, 목에 칼을 맞다

오전 8시 헨리 8세의 전처인 마녀 앤 불린은 런던 탑에서 참수형을 당했다. 그녀는 반역죄로 기소되었고 모두가 유죄라고 여겼다.

앤 불린은 못생기고 성질 나쁜 여자로 잘 알려져 있었다. 퉁방울눈인 데다가 입은 너무 크고, 피부도 엉망이었다. 그녀가 마녀라는 사실은 한쪽 손의 손가락이 여섯 개이며, 턱 밑에 커다란 사마귀가 있는 것으로 증명된다. 미남인 헨리 왕은 그녀의 마법에 걸려 그녀와 결혼했던 것이다!

오늘 프랑스에서 온 검객은 단칼에 그녀의 목을 날려 버렸다. 전하는 바로는 누군가 그녀의 시신에서 심장을 도려내 노퍽에 있는 그녀의 집 부근에 숨겨 놓았다고 한다.

목이 몸에 붙어 있던 마지막 순간의 앤 불린

사실 앤에게는 아무 죄도 없었다. 헨리는 단지 그녀가 아들을 낳지 못한 것에 화가 났을 뿐이었다. 노퍽의 블리클링 홀에서는 무릎에 머리를 얹은 그녀의 유령이 나타났다고 한다.

물에 빠져 죽은 돌고루카야

헨리 8세는 다섯 번째 아내도 참수형에 처했다. 그녀에게는 남자친구가 있었는데, 헨리는 그걸 참지 못했던 것이다. 아내의 불륜에 격노한 군주는 많았다. 러시아 이반 뇌제의 일곱 번째 아내인 마리아 돌고루카야가 왕비로 있었던 기간은 겨우 하루였다.

모자 사세요

모스크바 통신
1574년   크렘린 판

돌고래가 아니었던 돌고루카야

아내를 잃은 이반과 목숨을 잃은 마리아

어제 본지는 이반 뇌제와 마리아 돌고루카야의 화려한 결혼식을 보도한 바 있다. 그런데 오늘 우리는 왕비의 죽음을 보도하게 되었다!

마리아에게는 이반이 모르는 남자친구가 있었던 것으로 보인다. 그 사실을 아는 순간 격노한 이반은 돌고루카야를 물에 빠뜨려 죽여 버렸다!

물론 이반의 불 같은 성질에 당한 아내는 마리아만이 아니다. 여섯째 왕비였던 바실리사 멜렌티에브나도 남자친구를 사귀었는데, 이반에게 탄로가 났다. 그 청년은 운 좋게도 수녀원에 감금되었다. 그러나 정신을 못 차린 그 얼간이는 바실리사의 궁전에 잠입했다가 대못에 찔려 죽고 말았다!

모스크바 통신은 마리아 나가야가 이반의 새로운 아내로 예정되었다는 정보를 입수했다. 이번에는 얼마나 갈지······.

다행히도 여덟 번째 신부는 이반보다 오래 살았다. 물과 대못은 이반이 즐겨 쓰던 고문 수단이었다. 그의 재정을 관리했던 니키타 푸니코프는 산 채로 끓는 물에 처박혔다. 푸니코프의 아내는 남편을 물에서 건져올리는 것을 보고 인상을 찌푸렸다.

불쌍한 푸니코프······.   뭐? 코를 풀어?

여자의 힘

역사에서 여성들이 늘 당하기만 했던 것은 아니었다. 로마 제국에서는 이런 일도 있었다.

AD 95 로마 타임스

| 이 주일의 검투사 **스포츠 섹션** | 켈트 노예 팝니다 **노예 섹션** | 생선 내장의 참맛 **음식 섹션** | 도미티아누스 황제와의 인터뷰 제3부 |

로마 군, 여자들에게 패배하다

로마 군이 라인 강에서 패배했다는 소식이 전해졌다. 우리의 용감한 청년들이 게르마니아의 케루스키 부족을 공격하고 있을 때 갑자기 바바리언 여자들이 나타났다.

바바리언들은 여자를 점쟁이로 삼고 그들이 전사들에게 하는 말을 진지하게 듣는다. 하지만 이번에는 바바리언 여자들이 조언만 해 주는 데 그치지 않은 것이다!

로마의 역사가 타키투스는 본지의 기자에게 이렇게 말했다.

"여자들이 와서 계속 싸워 달라고 하자 전사들은 전장으로 돌아왔어요. 여자들은 저고리를 들추고 벌거벗은 가슴을 보여 주었죠. 그리고는 남자들이 싸우지 않으면 그 아름다운 몸이 로마에 노예로 끌려가게 될 것이라고 말했어요. 케루스키 족은 기운을 되찾고 다시 전투에 임했지요. 그들은 로마 군을 두려워했지만 여자들이 노예가 된다는 것을 더 두려워했어요."

로마 장군은 솔직히 패배를 인정했다. 말하자면 그도 자기 가슴을 드러낸 셈이다.

"나는 그런 광경을 전혀 본 적이 없소!"

당연하겠지, 장군! 본지는 이렇게 말하고 싶다.

"전장에서 여자가 옷을 벗는 것은 사기 전술이다. 당장 금지하라!"

장군들도 가슴을 드러내면 어떨까?

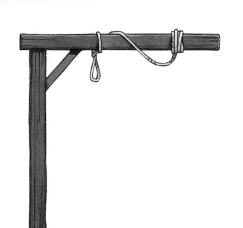

반란과 마법

17세기 사람들은 자신들의 왕과 황제에 반기를 들었다. 전 세계는 좌익 반란과 우익 혁명으로 시끄러웠다. 딱한 지배자들은 아무도 믿지 못하게 되었다!

1610년에 프랑스의 왕 앙리 4세는 수도사의 손에 암살되었다! 성직자를 믿을 수 없다면 누굴 믿어야 할까? 게다가 왕이 조심해야 하는 건 수도사만이 아니었다. 보헤미아에서는 페르디난트 왕이 신교도 국민들의 기분을 상하게 했다. 1618년 신교도 귀족들은 왕궁에 침입해서 경호원 두 명을 창문 밖으로 던져 버렸다(그들은 쓰레기 더미에 떨어져 목숨을 건졌다.). 그러나 경호원이라고 해서 모두 믿을 수는 없다.

1622년, 투르크의 술탄 오스만은 경호원들에게 목이 졸려 죽었다. 반란을 이끈 것은 경호원들이었다.

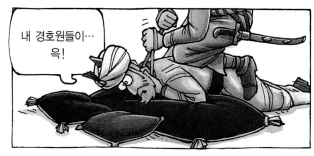

인도의 강력한 황제 악바르는 1605년에 죽었는데, 친척에 의해 독살된 것으로 추측된다. 아무도 믿어서는 안 된다.

1649년에 영국에서는 국왕 찰스 1세가 처형되었다. 그의 처형을 인준한 것은 의회였다.

요건 몰랐지?

찰스 1세는 행운의 검은 고양이를 가지고 있었다. 그 고양이가 죽었으니 어떻게 되었겠는가? 국왕의 운도 다한 거다! 그 바로 다음 날에 찰스는 반대파에 의해 체포되어 참수형을 당했다. 놀랍지 않은가. 찰스는 고양이부터 살려야 했다.

고문가 왜드

1605년 가이 포크스는 역사적으로 유명한 반란을 일으켰다. 그는 영국 의회와 국왕 제임스 1세를 한꺼번에 폭약으로 날려 버리려다가 실패하고 체포되었다.

여러분이 왕이라면 반란을 어떻게 막을까? 반란을 모의한 자에게 본보기로 심한 고문을 가하면 된다.

가이 포크스는 런던 탑의 간수장인 윌리엄 왜드에게 맡겨졌다. 그가 어떻게 되었을지는 왜드의 고문을 받고 살아난 가톨릭 신부 존 제러드의 증언으로 알 수 있다.

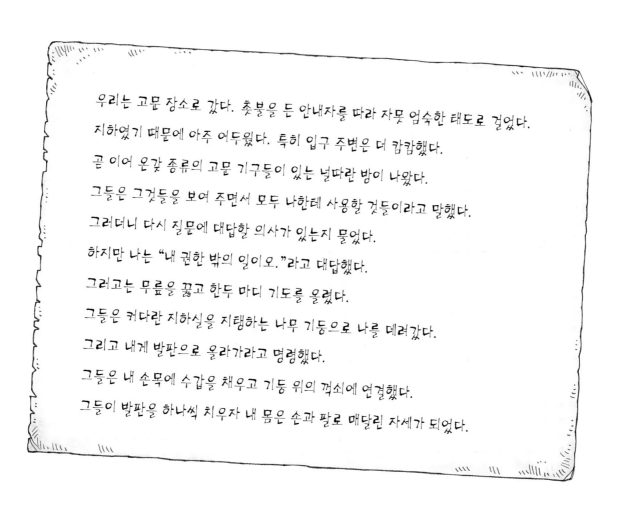

우리는 고문 장소로 갔다. 촛불을 든 안내자를 따라 자못 엄숙한 태도로 걸었다.

지하였기 때문에 아주 어두웠다. 특히 입구 주변은 더 캄캄했다.

곧 이어 온갖 종류의 고문 기구들이 있는 널따란 방이 나왔다.

그들은 그것들을 보여 주면서 모두 나한테 사용할 것들이라고 말했다.

그러더니 다시 질문에 대답할 의사가 있는지 물었다.

하지만 나는 "내 권한 밖의 일이오."라고 대답했다.

그러고는 무릎을 꿇고 한두 마디 기도를 올렸다.

그들은 커다란 지하실을 지탱하는 나무 기둥으로 나를 데려갔다.

그리고 내게 발판으로 올라가라고 명령했다.

그들은 내 손목에 수갑을 채우고 기둥 위의 꺾쇠에 연결했다.

그들이 발판을 하나씩 치우자 내 몸은 손과 팔로 매달린 자세가 되었다.

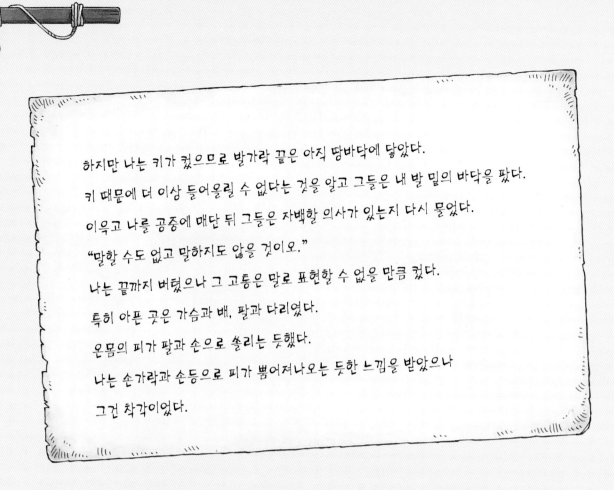

하지만 나는 키가 컸으므로 발가락 끝은 아직 땅바닥에 닿았다.

키 때문에 더 이상 들어올릴 수 없다는 것을 알고 그들은 내 발 밑의 바닥을 팠다.

이윽고 나를 공중에 매단 뒤 그들은 자백할 의사가 있는지 다시 물었다.

"말할 수도 없고 말하지도 않을 것이오."

나는 끝까지 버텼으나 그 고통은 말로 표현할 수 없을 만큼 컸다.

특히 아픈 곳은 가슴과 배, 팔과 다리였다.

온몸의 피가 팔과 손으로 쏠리는 듯했다.

나는 손가락과 손등으로 피가 뿜어져나오는 듯한 느낌을 받았으나

그건 착각이었다.

제러드는 심문자들이 간 뒤 한 시간 동안 그렇게 매달린 채로 있었다. 그가 말을 하지 않으려는 것을 보고 그들은 영악한 꾀를 생각해 냈다. 그에게 간수를 한 명 붙여 아주 친절하게 대해 준 것이다. 간수는 제러드의 땀을 닦아 주면서 그에게 자백하라고 애원했다. 이유인즉슨, 그가 고문을 받는 게 너무 애처로워 볼 수가 없다는 것이었다!

친절이 안 통하면 공포를 주었다. 서너 명이 방에 모여 큰 소리로 이렇게 떠드는 것이었다.

"살아남더라도 평생 불구가 될 텐데…… 자백할 때까지 매일 고문을 당해야 할 거야."

제러드는 한 시간 뒤에 기절했다. 물을 끼얹어 깨어났으나 다시 매달리자 또 기절했다. 그런 일이 그 날 오후에만 일고여덟 차례나 되풀이되었다.

왜드가 다시 와서 제러드에게 자백하라고 요구했지만 그는 또 거절했다. 그러자 왜드는 이렇게 쏘아붙였다.

"죽을 때까지 매달려 있어!"

용감한 제러드는 사흘을 버티다가 밧줄을 타고 런던 탑에서 탈출했다.

화장실에 갔나?

가이 포크스도 무척 용감해서 며칠을 견뎠다. 왜드는 두 번 다시 죄수가 밧줄로 탈출하는 것을 보고 싶어 하지 않았다. 경비병들은 가이 포크스가 탈출하지 못하도록 엄중히 감시해야 했다.

밧줄은커녕 고무줄도 없네!

66

사람 잡는 마법

사람들은 늘 '마법'을 믿는다. 보이지 않는 어떤 힘을 이용할 수 있다면 매우 유용하리라 생각하는 것이다. 옛날부터 마법을 부릴 수 있다고 여겨지는 사람들은 사악하다는 비난을 받았다. 그런 사람들을 가리켜 흔히 '마녀'라고 불렸는데, 마녀는 늘 사람들의 감시를 받았다(성서에도 "마녀를 살려 둬서는 안 된다."고 되어 있다.).

부두 교에 관한 오해

중세 아프리카 사람들은 주술을 굳게 믿었다. 그들은 노예로 팔려 대서양을 건너가면서 아메리카에도 그 신앙의 씨앗을 뿌렸다. 아이티의 웨스트 인디아 섬에서는 주술을 '보둔(혹은 부두)'이라고 불렀다.

보둔 신도들에 관해 작가와 영화 감독들은 터무니없는 오해를 많이 했다. 그들은 보둔 신도들이 사람을 죽이고, 사람의 피를 마신다고 했지만, 실은 닭·염소·양·개를 죽였을 뿐이었다. 신도들은 그렇게 하면 건강·풍작·행운이 온다고 믿었다(물론 죽은 개와 난도질당한 닭에게는 불운이었지만.).

마녀 사냥꾼의 사냥

아프리카 줄루 족의 족장 샤카(1787~1828)는 마녀를 가려내는 사람들을 거느리고 있었다. 그러나 샤카는 그들의 능력을 믿을 수 없었으므로 시험을 해 보기로 했다. 그는 마녀가 자기 집에 피를 묻혔다면서 그 마녀를 찾아내라고 명령했다. 사실 피를 묻힌 것은 샤카 자신이었으나, 마녀 사냥꾼들은 무려 300명을 찾아냈다! 화가 난 샤카는 마녀 사냥꾼들을 몽둥이로 때려 죽였다. 마녀들이 진짜 힘을 보여 준 게 아니었을까?

맷돌 안의 개구리

인도에서 비가 오게 하는 방법은 약간 끔찍 하지만 아주 쉽다. 다음 은 중세 때 사용하던 특 별한 방법이다.

(『잔혹한 세계사』가 내 는 수수께끼 하나. 단추 한 번 눌러서 녹색을 빨 간색으로 만들 수 있는 것은 뭘까?

정답은 개구리를 믹서 기에 집어넣고 돌리는 것 이다.)

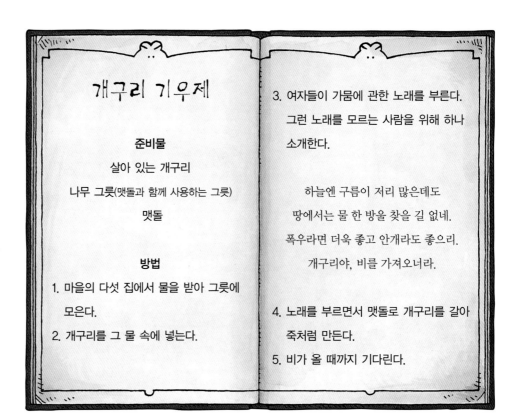

개구리 기우제

준비물
살아 있는 개구리
나무 그릇(맷돌과 함께 사용하는 그릇)
맷돌

방법

1. 마을의 다섯 집에서 물을 받아 그릇에 모은다.
2. 개구리를 그 물 속에 넣는다.

3. 여자들이 가뭄에 관한 노래를 부른다. 그런 노래를 모르는 사람을 위해 하나 소개한다.

하늘엔 구름이 저리 많은데도
땅에서는 물 한 방울 찾을 길 없네.
폭우라면 더욱 좋고 안개라도 좋으리.
개구리야, 비를 가져오너라.

4. 노래를 부르면서 맷돌로 개구리를 갈아 죽처럼 만든다.
5. 비가 올 때까지 기다린다.

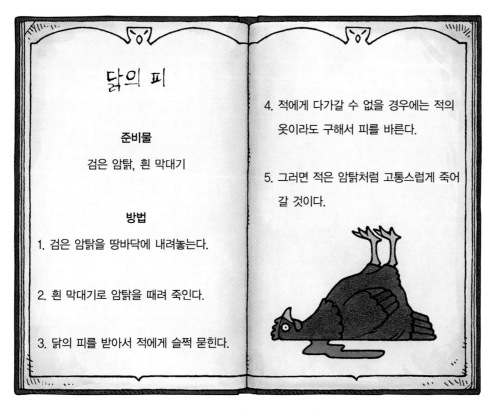

닭의 피

준비물

검은 암탉, 흰 막대기

방법

1. 검은 암탉을 땅바닥에 내려놓는다.

2. 흰 막대기로 암탉을 때려 죽인다.

3. 닭의 피를 받아서 적에게 슬쩍 묻힌다.

4. 적에게 다가갈 수 없을 경우에는 적의 옷이라도 구해서 피를 바른다.

5. 그러면 적은 암탉처럼 고통스럽게 죽어 갈 것이다.

피의 저주

없애 버리고 싶은 사람 이 있는가? 적이 고통 속 에서 죽어 가는 것을 보고 싶은가? 그렇다면 17세기 동유럽에서 썼던 이 저주 를 한번 사용해 보라.

(여기에는 좋은 점과 나 쁜 점이 있다. 아무도 저주 가 통한다고 믿지 않기 때 문에 저주를 보내도 살인죄 로 감옥에 가지 않는다는 것은 좋은 점이다. 하지만 닭에게 잔인한 짓을 한 죄 로 감옥에 갈 수 있다는 것 은 나쁜 점이다.)

마법의 주문 테스트

다음은 역사 속에 나오는 여덟 가지 마법의 주문이다. 그런데 주문과 용법이 뒤섞여 있다. 서로 어울리도록 짝을 맞춰 보라.

짝을 제대로 맞추는 사람은 마녀로 인정되어 화형을 당한다.
답을 안다는 것은 마녀라는 이야기니까!
답을 틀리는 사람은 그 벌로 개구리가 되어야 한다.
벌써 개구리가 되어 있다면
잔혹한 역사가로 둔갑시키겠다.

1. 광기를 치료하려면

2. 관절염을 치료하려면

3. 범인을 알아 내려면

4. 미친 개를 치료하려면

5. 두통을 치료하려면

6. 동물의 병을 치료하려면

7. 심장병을 치료하려면

8. 어떤 사람이 자신을 사랑하도록 만들려면

① 귀마개를 하고 주문을 외운다.

② 주문이 적힌 종이를 먹인다.

③ 강물에 뛰어든다.

④ 산 박쥐를 방에 풀어 놓는다.

⑤ 장미 꽃잎을 가는 길에 뿌린다.

⑥ 이름들을 종이에 적은 다음 성서 안에 하나씩 끼운다.

⑦ 오줌에 머리털을 넣고 끓인 다음 그것을 불 속에 던진다.

⑧ 꼬리에 약초를 붙이거나 마술 지팡이로 가볍게 두드린다.

정답 : 1-④, 2-③, 3-⑥, 4-②, 5-⑦, 6-⑧, 7-①, 8-⑤. 3-⑥이 정답. 범인의 이름들을 적은 종이를 성서 안에 끼우면 진짜 범인의 종이가 바닥에 떨어진다.

69

범죄의 역사

18세기에 유럽 인들은 배를 타고 전 세계를 돌아다녔다. 그들은 다른 세계에 자신들의 규칙을 강요했다. 게다가 현지인들의 땅과 바다를 빼앗고, 사람들을 납치하여 노예로 팔았다.

티치의 이야기

에드워드 티치의 이야기는 18세기 야만적인 행위를 보여 주는 한 가지 사례다.

'검은 수염'으로 더 유명한 에드워드 티치, 당신의 생애를 요약해 보겠습니다. 당신은 1680년에 영국에서 태어났고, 선원 생활을 시작하면서 프랑스 선박을 공격하는 일에 가담했습니다.

내 임무는 조국을 위해 싸우는 것이었소.

하지만 1716년, 전쟁이 끝난 뒤에도 당신은 배를 타고 다니며 다른 선박들을 공격했어요. 사람들은 당신이 칼 한 번만 휘두르면 사람이 반토막 난다고 말하더군요. 상대방이 항복하면 그들의 물건을 빼앗았고, 항복하지 않으면 죽여 버렸죠.

누구나 먹고 살아야 하잖소. 나도 부양할 아내가 있는 몸이라오.

당신은 영국과 아메리카에 아내가 최소한 열네 명이나 되죠? 여기 이 분이 당신의 마지막 아내인 메리 오먼드 아닌가요?

저는 열여섯에 결혼했는데, 1년 동안 생과부로 살았어요. 사랑이라곤 없었죠.

네, 하지만 부인은 운이 좋은 겁니다. 검은 수염은 쉽게 여자를 사랑하며, 거절을 당하면 화를 내죠. 여기 그의 사랑을 거절하고 다른 남자를 선택한 여인이 어떻게 되었는지 보시죠.

저는 연인에게 사랑을 증명하는 반지를 주었어요. 그러나 검은 수염이 그를 잡아서 반지를 낀 손을 잘라 버렸죠. 그리고 그 손을 상자에 넣어 제게 보내 왔어요. 저는 기절해 버렸죠. 가슴이 너무 아팠어요.

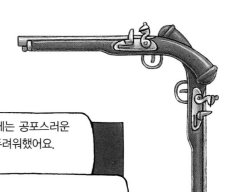

당신은 여자들에게는 잘해 줬을지 모르지만 남자들에게는 공포스러운 존재였어요. 심지어 당신의 선원들조차도 당신을 두려워했어요. 이 사람은 이스라엘 핸즈입니다.

티치 선장은 그저 재미로 제 무릎에 총을 쏘았어요. 그 뒤로 절름발이가 되었죠. 그는 검은 수염에 리본을 매는가 하면 모자에 불타는 밧줄을 매다는 짓을 즐겼어요. 그에게 당한 사람들은 모두 그를 악마라고 불렀죠.

2년 만에 당신은 설탕과 옷을 대량으로 훔쳐 큰 돈을 벌었습니다. 하지만 사람들은 당신의 진짜 보물이 어딘가에 묻혀 있을 거라고 생각해요.

선원들은 당신에게 그 곳이 어딘지 말해 달라고 했어요. 당신이 죽으면 내가 그 보물을 가져야 한다구요……. 하지만 당신은 아무 말도 없이 죽어 버렸어. 이 바보, 천치, 얼간이 같으니라구!

1718년 11월 21일에 마지막 전투가 있었죠. 당시 아메리카에 주둔하던 영국 해군이 로버트 메이너드 대위를 보내 당신을 공격했어요. 당신은 선원이 많지 않을 줄 알고 그 배로 뛰어들었습니다.

티치, 당신을 깜짝 놀라게 해 주겠어. 갑판 아래에 병사들을 숨겨 두었거든.

사기닷!

메이너드 대위와 육박전을 벌이면서 당신은 여섯 발의 총탄을 맞고 적어도 칼에 스무 번을 찔리고 나서야 쓰러졌죠.

그 때 나는 그의 못생긴 머리를 잘라 내 배의 머리에 꽂았어요.

아직 내 이야기가 끝나지 않았어요. 메이너드가 당신의 시체를 뱃전에서 던져 버렸을 때 어떻게 되었죠?

배 주위를 세 바퀴 돌더니 가라앉더군요!

살인자에다 해적, 강도였던 검은 수염은 그렇게 갔어요!

보물은 어디 있어?

비밀이야!

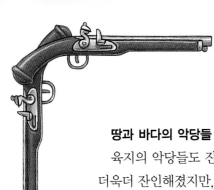

땅과 바다의 악당들

육지의 악당들도 잔혹하기는 마찬가지였다. 노상 강도는 역마차를 털고 빠른 말을 타고 도망쳤다. 법과 징벌은 더욱더 잔인해졌지만, 이 흉악범들과 무법자들이 난폭하게 살다가 흉폭하게 죽는 것을 막지는 못했다.

1. 1881년 스티븐슨은 『보물섬』을 써서 역사 속의 해적을 이야기 속의 해적으로 만들었다. 또, 1904년에 『피터 팬』이 나왔을 때 해적은 익살맞고 재미있는 인물로 둔갑했다. 그러나 실제는 전혀 달랐다!

노상 강도도 마찬가지다. 영국의 딕 터핀은 못된 살인자였지만, 『루크우드』라는 책에서는 그가 로빈 후드처럼 나오고, 그가 타고 다녔던 블랙 베스도 아주 멋진 말로 등장한다. 게다가 〈황무지의 브레넌〉이라는 민요는 노상 강도인 브레넌과 딕 터핀을 영웅처럼 묘사하고 있다.

> 그는 밤이나 낮이나 장전된 쌍권총을 가지고 다니지.
> 가난한 사람은 결코 털지 않고
> 오로지 부자 것만 빼앗는다네.
> 마치 터핀과 블랙 베스처럼 말이야.
> 그리고 남편을 잃고 상심에 빠진 여자들에게
> 재산을 나눠 준다네.

정말 그럴까? 이런 이야기를 믿는 것은 달에 토끼가 산다고 믿는 것과 같다(달에는 토끼가 살지 않는다. 『잔혹한 세계사』의 연구진이 알아본 결과 달에는 곰이 산다는 게 밝혀졌다.).

2. 해적들이 잡히면 항구의 기둥에다 묶어 놓았다. 밀물이 들면 그들은 아주 서서히 죽어 갔다.

> 저 친구는 키가 작아서 빨리 죽으니 차라리 행복하겠군.

3. 해적들이 하는 일은 다음과 같다.
- 자신들이 간다는 신호로 적에게 검은 점이 찍힌 카드 한 장(혹은 스페이드 에이스 카드)을 보여 준다.
- 금 귀걸이를 한다. 그러면 시력이 좋아진다고 믿었다.
- 애완용으로 앵무새를 기른다. 앵무새는 남아메리카에서 잡았다.

> 내 앵무새 어때?

> 금 귀걸이도 해 주지 그래?

4. 해적들이 하지 않는 일은 다음과 같다.

- 눈을 가리고 뱃전 위를 걷게 하기. 그런 식으로 포로를 죽였다고 알려져 있지만 해적들은 포로를 그냥 배 밖으로 던져 버렸다. 실제로 뱃전 위를 걷게 했다는 사례는 없다.

- 해골과 대퇴골을 교차시킨 깃발 걸기. 해적들은 '배를 멈추면 해를 끼치지 않겠다'는 의미로 검은 깃발을 내걸었다. 일부 해적들은 해골과 검 두 자루를 교차시킨 문양, 악마, 피 흘리는 심장이 그려진 깃발을 내걸기도 했다.

5. 18세기에 여자 해적 마리아 코밤은 자신이 죽인 해군 장교의 군복을 입었다. 그녀는 사격 연습을 하고 싶을 때 살아 있는 선원을 과녁으로 사용했다고 한다. 19세기 초에 중국의 여자 해적인 징스는 2천 척의 배와 8만 명의 선원으로 이루어진 대군을 거느렸다.

6. 18세기에 노상 강도가 크게 늘어난 이유는 뭘까? 부싯돌 점화식 권총이 발명되었기 때문이다. 이 권총은 가벼웠으므로 한 손으로 권총을 들고 다른 손으로 말 고삐를 쥘 수 있었다.

7. 사람들은 교수형을 당한 노상 강도를 금속 우리에 넣고 죽어서 썩을 때까지 도로변에 방치해 두기도 했다. 그런 강도짓을 하면 어떻게 되는지 똑똑히 보여 주기 위해서였다.

8. 범죄자에 못지않게 잔인하고 교활한 판사들도 있었다. 영국의 제프리 판사는 1680년대에 150명을 교수형에 처했다. 그러나 그에게 뇌물을 먹여 교수형을 면한 범죄자의 수는 그보다 더 많았다(그 판사가 결국 런던 탑에서 죽었다는 말을 들으면 기분이 좀 좋아질 게다.).

현상 수배

죽여도 좋다!

킹 고속도로의 무장 강도 사건

위험한 노상 강도

범인의 신상은 다음과 같다.
금발의 남자로 금 단추가 달린 녹색 코트와 회색 바지를 입고, 박차가 붙은 갈색의 부츠, 흰색 넥타이, 파란색 머리띠, 귀걸이, 짙은 갈색 모자를 착용함.
그가 탄 말은 검은색이며 오른쪽 뒷다리에 흰색 무늬가 있음.
왼손에 권총을 들고 다님.

꿀꺽!

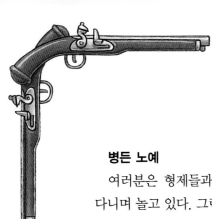

병든 노예

여러분은 형제들과 함께 들판을 뛰어다니며 놀고 있다. 그런데 갑자기 낯선 사람들이 나타나 여러분에게 족쇄를 채우더니 좁고 어둡고 덥고 더러운 배에 태운다.

이제 다시는 가족을 만날 수 없고 평생토록 급료도 받지 못하며 일해야 한다. 도망치다가 잡히면 죽도록 두드려 맞아야 한다. 자유와 집과 친구를 모두 잃었고 더 나쁜 것은 이름조차 잃어버렸다는 사실이다!

여러분은 어떻게 해야 할까? 배의 쓰레기 더미에 몸을 던져 죽어 버릴까? (물론 함께 있던 노예들은 여러분을 한쪽에 팽개쳐 버리겠지만, 여러분의 썩은 시체가 다른 노예들을 감염시키지는 않을 테니 걱정할 건 없다. 오히려 한 사람이 가면 공간이 더 넓어지니까 노예들은 좋아한다!) 아니면 싸워서 살아남아야 할까?

올라우다 에키아노는 1756년에 아프리카에서 열한 살의 나이로 잡혀 노예선을 탔다. 여기 그가 남긴 기록이 있다.

올라우다의 이야기

해변에 도착했을 때 첫눈에 들어온 것은 바다와 노예선이었다. 그것을 보고 나는 크게 놀랐으나 그 놀람은 곧 공포로 바뀌었다. 내가 배에 오르자 선원들이 나를 맡았다. 이제 나는 사악한 영혼의 세계로 갈 것이고, 머잖아 그들이 나를 죽이리라는 것을 알 수 있었다.

그들의 피부는 우리와 달랐다. 그들은 머리를 길게 길렀고, 하는 말도 우리와 달랐다. 나는 갑판 위에 쓰러져 정신을 잃었다.

정신이 들었을 때 내 주변에 흑인들이 있는 게 보였다. 나를 배에 태우고 보수를 받은 노예들이었다. 그들은 내게 기운을 내라고 말했지만 소용이 없었다. 나는 그들에게 저 하얀 피부에 붉은 얼굴, 긴 머리의 무시무시한 인상을 가진 인간들이 우리를 잡아먹으려는 게 아니냐고 물었다.

갑판 아래로 내려간 나는 평생 겪어 보지 못한 심한 악취에 큰 충격을 받고 울음을 터뜨렸다. 나는 몸이 아프고 기운이 없어 아무것도 먹지 못했고 식욕도 전혀 없었다.

나는 마지막 친구인 죽음이 와서 나를 데려가기를 기다렸다. 하지만 실망스럽게도 백인 두 명이 내게 음식을 주었다. 내가 먹지 않겠다고 하자 한 명이 내 손과 발을 붙들고 다른 한 명이 나를 매질했다.

그런 고통은 일찍이 겪어본 적이 없었다. 나는 배에서 뛰어내리고 싶었으나 그것도 불가능했다. 선원들은 갑판에 사슬로 묶이지 않은 흑인들이 바다로 뛰어들

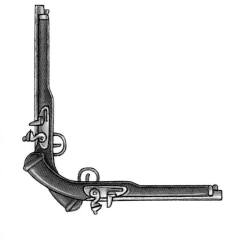

74

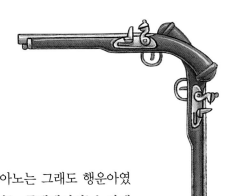

까 봐 엄중히 감시하고 있었다.

이윽고 내가 탄 배에 짐이 가득 실렸다. 짐을 실을 때는 무척 시끄러운 소리가 났다. 우리는 모두 갑판 아래에 갇혔다. 날씨는 무덥고 사람이 너무 많아 거의 질식할 지경이었다.

공기가 점차 숨도 쉬기 어려울 만큼 탁해지면서 일부 노예들은 병에 걸렸고 그 중 상당수는 죽었다. 피부를 옥죄는 사슬과 더러운 화장실 때문에 병은 더욱 기승을 부렸다. 아이들이 화장실에 빠져 죽는 일도 자주 일어났다.

여자들의 비명 소리, 죽어 가는 사람들의 신음 소리가 한데 뒤엉켜 배 안은 끔찍한 공포 분위기였다.

어느 날 배가 잔잔한 바다를 항해하고 있을 때 괴로움에 지친 내 친구 두 명은 사슬에 묶인 채로 간신히 뱃전까지 가서 바다에 뛰어들었다. 선원들이 제지하지 않았더라면 더 많은 친구들이 그들의 뒤를 따랐을 게 분명하다. 바다에 빠진 두 명은 죽었지만 그들처럼 바다에 뛰어들려 했다가 실패한 사람들은 노예가 되기보다 죽음을 선택했다는 이유로 심한 매질을 당했다.

이윽고 바베이도스 섬이 우리 눈에 들어왔다. 그것을 보고 선원들은 환호성을 질렀다. 우리에게도 그것은 일단 기쁜 일이었다.

올라우다 에키아노는 그래도 행운아였다. 설탕을 재배하는 플랜테이션* 농장에서 죽도록 일하는 신세는 면했기 때문이다. 그는 어느 해군 장교의 집으로 갔는데, 그 장교는 그의 이름을 구스타부스 바사로 바꿔 주고 영국으로 데려가 글도 가르쳤다. 나중에 그는 자신의 생애에 관한 책을 써서 큰 성공을 거두었으며, 이 책은 노예제를 폐지하는 데도 한몫을 했다. 하지만 이후 그의 삶을 보면 흥미로운 부분이 있다.

올라우다는 영국 해군에 복무한 뒤 돈을 모아 자유를 샀다. 그는 그리스도 교도가 되어 서인도로 돌아가 플랜테이션 농장을 세웠다. 그리고 올라우다가 한 일은?

바로 노예를 사는 일이었!

* 서양인이 자본·기술을 제공하고 원주민이나 이주 노동자의 값싼 노동력을 이용해서 고무·차·커피·사탕수수·바나나·담배 등을 재배하는 기업적인 농업 경영.

비참한 노동자

19세기는 부자들이 더욱 부유해지는 시대였다. 그들은 공장을 세워 물건을 더 빨리, 그리고 더 값싸게 만들었다. 물론 노동자들의 임금은 오르지 않았다. 노동자들은 화장실과 목욕탕이 없는 불결한 집에서 더러운 물을 마시며 살았다.

영국은 1830년대에 노예제를 금지했다. 그러나 당시 영국의 노동자들은 대부분 노예보다 살림살이가 거의 나을 게 없었다.

비참한 노동자들이 해야 했던 고된 일들을 살펴보자.

위험한 굴뚝

굴뚝 청소는 대개 새벽 4시, 아직 집집마다 불을 때기 전에 시작되었다. 매일 새벽 4시에 일어나 학교에 간다면 여러분은 어떻겠는가?

굴뚝 청소부는 하루 12시간씩 일했다. 더 오래 할 수도 있지만 저녁이 되면 집집마다 불을 피우기 때문에 서둘러야 했다.

집 주인은 굴뚝 청소부를 위해 미리 난로의 불을 꺼 놓아야 했으나, 대개는 그러지 않았다. 그래서 청소부는 뜨거운 연기가 나오는 가운데 굴뚝을 청소했다.

어느 맨체스터의 청소부는 아이들을 이렇게 가르쳤다고 말한다.

> 아이들을 가르칠 때는 너무 잘 대해 주면 안 돼요. 때로는 매도 들어야 하죠. 〔……〕 굴뚝 청소부들은 폐병으로 많이 죽는데, 생활이 불결하기 때문이에요. 아이들은 옷이 다 해어질 때까지 갈아입지 않는 경우가 많아요.

불쑥!

소년 청소부들은 노예처럼 사고팔기도 했다. 어느 청소 책임자의 말을 들어 보면……

언젠가 내가 데리고 있던 일고여덟 살짜리 소년을 누가 훔쳐간 적이 있었죠. 길거리에서 어떤 남자가 팔을 잡고 납치한 거예요. 그는 유괴한 소년을 하숙집에 데려가서 약을 탄 차를 먹였어요. 수사관과 내가 그 놈을 항구 도시 헐까지 추적했죠. 놈이 말하기를, 아이를 프랑스로 가는 배에 넘기면 10파운드를 받는다더군요.

서른일곱 살의 어느 여성은 석탄 수레를 끄는 일을 이렇게 설명했다.

허리에는 벨트를 감고 두 다리 사이는 사슬에 매인 채 손과 발로 기어가는 거예요. 천장에서 물이 떨어져 길이 온통 미끄럽죠. 하루 종일 내 옷은 걸레처럼 젖어 있어요.

수레를 매단 벨트 때문에 살갗이 벗겨질 것처럼 아파요. 벨트와 사슬을 달면 아이를 임신했을 때보다 몸이 더 무겁죠. 게다가 남편은 빈 석탄 통을 제때에 가져오지 않는다면서 걸핏하면 나를 때렸어요.

지옥 같은 광산

19세기 초반, 영국의 빅토리아 여왕이 마차를 타고 지상에서 행진을 벌이고 있을 바로 그 시간, 지하의 석탄 광산에서는 여자들이 돈을 벌기 위해 고된 노동을 하고 있었다.

여자들은 막장에서 채굴된 석탄을 지상까지 운반하는 일을 맡았다. 석탄 수레를 끌거나 바구니에 담아 어깨에 짊어지고 나오는 힘든 일이었다. 때로는 무거운 바구니를 등에 진 채 사다리를 올라가야 했다.

1842년, 어느 여성 노동자는 세인트폴 대성당의 꼭대기에 닿을 만한 높이의 사다리를 오르기도 했는데…… . 그녀의 나이는 겨우 열두 살이었다!

1844년에는 8~13세의 아이들에게 하루 여섯 시간 반 이상 일을 시키지 못하게 하는 법이 통과되었다. 또 여성들의 지하 노동을 금지하는 법도 제정되었다.

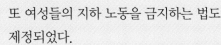

가난한 시골

시골에서는 노동자들의 삶이 도시보다 나으리라고 여길지 모르지만, 가난한 사람들은 어디서나 힘들게 살았다. 농장 노동자의 임금은 쥐꼬리만큼 적었고, 노동자 아내의 삶 또한 다른 곳에 사는 여자들 못지않게 비참했다. 1849년, 시골을 찾아간 어느 신문 기자의 말에 따르면……

벽에서는 식은땀 같은 물이 뚝뚝 흘러내리고 곧 무너져내릴 것처럼 썩어 있다. 천장이 워낙 낮아서 머리가 거의 닿을 지경이다. 방은 두 개뿐이고 가구라고는 작은 탁자 하나, 낡은 의자 셋, 접시 몇 개가 놓인 선반이 고작이다. 안으로 들어가자 한 여자가 일어선다. 그렇게 나이가 많지는 않지만 고생과 병에 찌들어 늙어 보인다. 그녀의 팔에는 젖먹이가 안겨 있고, 바닥에는 세 아이가 뒹굴며 놀고 있다. 아이들은 신발도 없고 누더기 옷을 걸치고 있다. 아이들은 더러웠지만 그녀는 아이들을 깨끗하게 씻길 수가 없다며 흐느꼈다. 두 아들과 아이들의 아버지는 일하러 나가 저녁 때가 되어서야 돌아온다. 맏딸이 아기를 돌보는 동안 엄마는 난로에서 단지를 꺼내 커다란 접시에 감자 몇 개를 쏟아 놓는다. 여기에 약간의 빵을 곁들인 게 그들의 식사다.

사정이 이랬으니 그렇게 많은 사람들이 지옥 같은 '모국'을 떠나 세계 각지를 탐험했던 것도 당연하다(인도의 정글이나 오스트레일리아의 사막이 차라리 더 나을 테니까.).

요건 몰랐지?

19세기 초반 영국의 노동자는 일 주일에 평균 96시간을 일하고 40펜스의 급료를 받았다. 그들은 하루 세 차례 빵과 버터를 먹었다. 일 주일 중의 가장 큰 즐거움은 일요일의 만찬이었다. 통통한 닭과 새끼 양의 다리 고기를 먹었느냐고? 그게 아니고 반쪽짜리 소머리를 10펜스에 사서 먹었다. 이 멋진 재료를 어떻게 요리했을까? 우선 머리 가죽을 벗기고 뇌수를 씻어 낸다. 그런 다음 두 시간 동안 푹 삶는다. 감자와 양파를 넣고 20분 동안 더 끓인다. 맛있겠지?

음… 일 주일 내내 이걸 얼마나 기다렸다고.

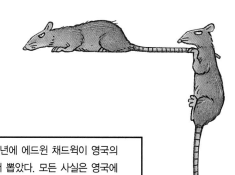

빈민가를 탈출하라

여러분은 비참한 19세기의 거리에서 탈출할 수 있을까? 뒷장의 게임판에서 빈민가를 한번 둘러보라. 거리 맞은편의 멋진 집까지 가는 게 목표다.

> 게임에 나오는 모든 인명은 1842년에 에드윈 채드윅이 영국의 노동자에 관해 작성한 보고서에서 뽑았다. 모든 사실은 영국에 관한 것이지만, 당시 유럽과 미국의 어느 곳에서든 사정은 비슷했다.

빈민가 탈출 게임

준비물

말로 사용할 색칠한 콩
(빈민들은 급료를 콩으로 받았다.)

2인 이상의 참가자와 노예 감독
(노예 감독은 문제를 내는 사람이다.
선생님이나 강도나 교통순경처럼
잔인하고 냉정한 사람이 이 역할에 가장 좋다.)

규칙

1

각자의 콩을 '출발점'이라고 표시된 집에 놓고,
빈민가에서 가장 부유한 집에 누가 먼저 가는지
시합한다. 옆집으로 이동하려면 문제의 정답을
맞춰야 한다.

2

모든 참가자들은 문제에 대해 각자 대답한다.
노예 감독이 정답을 말해 준다.

3

정답을 맞춘 사람은 집을 옮길 수 있다.

틀린 사람은 다음 질문에 다시 도전한다.
(물론 계속 답을 맞추지 못하면 뒤처진다!)

모든 참가자가 답을 틀릴 경우에는
답을 말해 주고 나서 모두 집을 옮길 수 있다.

4

2인 이상이 결승점에 동시에 들어왔을 경우,
그 집과 재산을 나눠 갖는다.

5

진 사람은 가장 가까운 석탄 광산으로 보내
하루 열여섯 시간씩 일하게 한다. 실제로 1830년대에는
일곱 살짜리 아이가 그렇게 일했으므로
부당하다고 말하면 안 된다.
그래도 하루에 5펜스의 급료를 받으니까
게임에 진 사람치고는 과분한 셈이다.

1 매튜 크래브트리의 집

"나는 여덟 살이에요. 담요 공장에서
하루에 몇 시간을 일할까요?"

① 10시간 ② 12시간 ③ 16시간

2 존 홀의 집

"나는 기계 노동자예요. 옷 공장에서 일하는
아이들은 대개 나중에 어떻게 될까요?"

① 죽는다. ② 무릎 관절이 뒤틀린다. ③ 귀머거리가 된다.

3 엘리자베스 벤틀리의 집

"나는 여섯 살인데, 비가 쏟아질 때도 공장에서
새벽 2시까지 일합니다. 왜일까요?"

① 시계가 없기 때문에

② 엄마가 시켜서

③ 용돈을 벌기 위해서

출발점

빈민가

10 엘리자베스 윌킨슨의 집

"이웃과의 문제를 어떻게 해결할까요?"

① 권투 시합을 벌인다. ② 경찰에 알린다.
③ 이웃집에 불을 지른다.

9 가난한 아이의 집

"나는 부잣집 문의 손잡이를 닦아서
돈을 법니다. 무엇으로 닦을까요?"

① 기름 ② 검댕 ③ 똥

11 이사벨라 윌슨의 집

"석탄 운반을 하고 있는 나는 아이가 일곱 명이에요.
우리 식구는 모두 아홉 명인데, 침대는 몇 개일까요?"

① 9개 ② 5개 ③ 2개

13 굴뚝 청소부의 집

"나는 어린이 청소부를 여섯 명 거느리고 있죠.
아이들을 지하실 어디서 재울까요?"

① 푹신한 침대 ② 지푸라기 침상 ③ 검댕 자루

15 공장장의 집

"내가 아이들을 때리는 이유는 뭘까요?"

① 졸음을 깨우려고

② 부모들이 부탁해서

③ 사장의 명령으로

12 윌리엄 쇼의 집

"나는 교사입니다. 아이들을 아주 심하게
야단쳤을 때, 아이들은 어떻게 될까요?"

① 울면서 집으로 간다. ② 경찰에 알린다.
③ 눈이 먼다.

14 마거릿 월터스의 집

"나는 부모가 일하러 나가는 집의 아기들을
돌보는 일을 합니다. 어떻게 돈을 저축할까요?"

① 굶어서 ② 아기들을 굶겨서
③ 아기들의 옷을 팔아서

4 피터 스마트의 집

"나는 방앗간에서 강제로 일해요. 왜일까요?"

① 고아이기 때문에

② 엄마가 돈을 받고 방앗간 주인에게 팔았기 때문에

③ 배가 고파서

5 이사벨라 리드의 집

"나는 열두 살이에요. 지하에서 석탄을 등에 지고 나르는 일을 하죠. 한 번에 얼마씩 나를까요?"

① 57kg ② 37kg ③ 17kg

6 사라 구더의 집

"나는 여덟 살인데, 광산에서 일하느라 거의 햇빛을 보지 못해요. 내가 가장 무서워하는 게 뭘까요?"

① 광부 ② 광산에서 부리는 조랑말 ③ 어둠

8 돈 없는 부부의 집

"갓난아기에게 우유 먹일 돈이 없어요. 어떻게 할까요?"

① 아기를 판다. ② 가구를 판다. ③ 아기를 운하에 버린다.

7 제임스 모로의 집

"광산에서 일하는 여덟 살짜리 아이예요. 석탄 수레가 어디를 치고 지나갔는지 아세요?"

① 샌드위치 ② 다리 ③ 머리

17 못 제조업자의 집

"아이들이 일을 열심히 하지 않으면 벌을 주죠. 어떤 벌을 줄까요?"

① 아이들의 귀를 의자에 잡아 맨다. ② 아이들이 마시는 차에 소금을 넣는다. ③ 발끝으로 서 있게 한다.

18 벤저민 밀러의 집

"광산 감독이에요. 광산에서 여자를 고용하는 이유는?"

① 임금이 싸서 ② 일을 잘해서 ③ 남자보다 불평이 적어서

16 공장 감독의 집

"나는 자주 아이들에게 19시간 이상씩 일을 시킵니다. 어떤 방법으로 그렇게 할까요?"

① 급료를 더 준다. ② 공장의 시계를 없앤다. ③ 철봉으로 아이들을 때린다.

20 허버트 스펜서의 집

"나는 노동자들을 연구합니다. 내 생각엔……."

① 아이들은 네 살부터 일해야 한다.

② 여자는 전혀 일하지 말아야 한다.

③ 약한 노동자가 죽는 것은 국가를 위해 도움이 된다.

도착점

19 공장 담당 의사의 집

"나는 노동자들의 상태가 일반 사람들과 다르다는 것을 알았어요. 어떻게 다를까요?"

① 키가 더 작다. ② 얼굴이 핼쑥하고 못생겼다. ③ 머리털의 색깔이 옅다.

1-③ 일감이 없을 때는 14시간 일했다. 점심 시간은 한 시간이었다.

2-② 하루에 수백 번이나 무릎을 움직여야 했으므로 무릎 관절이 뒤틀렸다.

3-① 노동자들은 대개 시간을 어림짐작했다. 지각하면 심한 징벌을 받았으므로 공장 문이 열리기 전에 일찍 공장에 갔다.

4-② 1년에 겨우 12펜스를 받고 자기 자식을 공장에 파는 부모가 많았다. 아이가 도망치면 붙잡아서 공장에 데려왔다.

5-① 이사벨라는 그 짐을 지고 500m 거리를 하루에 30번 다녔다. 사람을 한 명 짊어지고 하루 15km를 걸은 셈이다.

6-③ 빛이 필요하면 아이들은 직접 자기 촛불을 들고 광산에 내려가야 했다. 양초를 살 돈이 없었으므로 대개는 캄캄한 어둠 속에서 일을 했다.

7-② 제임스 모로는 다리를 잃었지만 목발을 짚고 광산에서 다시 일했다. 그러나 아홉 살 때, 떨어지는 바위에 깔려 숨지고 말았다.

8-③ 1860년대의 보고서에 따르면 런던에서 5년 동안 278명의 아이들이(즉, 일 주일에 한 명꼴로) 가난한 부모의 손에 살해당했다.

9-③ 아이들은 막대기로 분뇨 구덩이에서 똥을 긁어모아 부잣집 문 손잡이를 닦았다.

10-① 엘리자베스는 이웃집의 한나 하이필드와 법적 소송을 벌이고 있었다. 두 여자는 돈을 걸고 공개 싸움을 벌여 사태를 매듭지었다.

11-③ 이사벨라는 자식을 더 낳았지만 대부분 낳자마자 죽었다. 이사벨라와 남편은 지하에서 30년 동안 일했는데, 그녀의 나이는 겨우 38세였다.

12-③ 윌리엄 쇼가 있었던 요크셔의 학교는 아이들에게는 지옥이었다. 찰스 디킨스는 『니컬러스 니클비』라는 책에서 쇼에 관해 썼는데, 그 교사는 결국 파멸했다.

13-③ 굴뚝 청소부는 몸집이 작은 소년들을 굴뚝에 올려 보냈다. 먹을 것을 적게 줄수록 아이는 살이 찌지 않았고, 그래야 굴뚝 청소를 더 잘할 수 있었다.

14-② 마거릿 월터스는 탁아소를 운영하고 있었는데, 돌보는 아기들을 굶겨 죽인 죄로 교수형을 당했다.

15- ① 아이들은 또한 1분이라도 늦으면 매를 맞았고 급료도 깎였다.

16- ② 아이들은 시계가 없이 일했다. 네 시간밖에 잠을 자지 못하는 경우도 많았으나, 수당 같은 것은 받지 못했다.

난 출근이야.

난 퇴근인데…

17- ① 아이들에게 그런 가혹한 짓을 하지 못하게 하는 법률은 없었다. 오히려 아이들은 직장을 잃고 굶게 될까 봐 감히 불평도 하지 못했다.

18- ① 밀러는 이렇게 말했다. "남자는 하루에 3실링 6펜스를 줘야 하지만 여자는 하루에 단 2실링만 주면 일한다."

19- ①, ②, ③ 척추가 뒤틀리거나 평발이 되는 경우도 있었다.

20- ③ 스펜서는 '적자생존'이라는 말을 만들어 냈다. 약한 자는 죽고 강한 자는 더 강해진다. 그 결과는? 강한 사람들만 남게 된다. 못된 주장이지만 많은 사람들이 믿었고, 지금도 믿고 있다.

뚱보만 살아남게 되지 않을까?

'성의 해부' 정답

함정 문: 19세기 이전까지는 교수형을 집행할 때 밑이 빠지는 함정 문을 사용하지 않았다. 그 대신 사다리를 올라가게 한 다음 사다리를 치우는 방법을 썼다.

포크: 식사할 때 나이프 · 숟가락 · 손가락은 사용하였으나, 19세기 이전에는 포크를 사용하지 않았다.

칫솔: 17세기 이전에는 유럽에서 사용되지 않았다(하지만 중국인들은 1498년부터 칫솔을 썼다고 주장한다.). 이를 닦을 때는 대신 천조각을 썼다.

두루마리 화장지: 1871년에 발명되었다. 중세의 부자들은 화장지 대신 젖은 천조각을 썼고, 농부들은 이끼나 잔디를 썼다.

칠면조: 에스파냐 인들이 16세기에 남아메리카에서 가져오기 전까지는 유럽에 없었다.

『잔혹한 세계사』: 2003년에 출판되었다. 이 위대한 책이 없었다면 역사 공부 때문에 얼마나 시달려야 했을까! 상상해 보면 정말 잔혹하다.

배드민턴: 깃털 달린 코르크를 주고받는 이 멍청한 스포츠는 19세기에 발명되었다.

치과용 의자: 사람들은 펜치로 이를 뽑았다. 기울어지는 특수 의자가 발명된 것은 19세기의 일이다.

통조림: 1800년경에 발명되었다. 그 이전에는 식품을 소금에 절여 썩지 않게 했다. 아니면 썩은 음식을 먹고 복통에 시달리거나…….

물음표: 1580년대에 발명되었다. 뭐라고? 그건 사기라고? 『잔혹한 세계사』의 퀴즈라는 점을 이해해 줬으면 한다!

함정: 안경, 시계, 등대, 폭죽, 카드 게임, 권총, 축구

잔인한 전쟁

20세기는 아마 세계 역사상 가장 잔혹한 시대일 것이다. 전쟁과 학살이야 언제나 있었던 일이지만 20세기에는 온갖 화려한 신무기들까지 동원되었다. 그 덕분에 단추 한 번 누르는 것으로 수십만 명을 죽이는 것도 가능해졌다.

사람들은 하늘을 날아가서 적을 공격할 수 있게 되었다. 이제 전쟁은 군인들이 다른 나라로 가서 '전선'을 형성하고 전투를 벌이는 식으로 진행되지 않는다. 누구나 집에 앉아 있다가 폭탄을 맞아 죽을 수 있다. 말하자면 우리의 집이 졸지에 '전쟁터'가 되는 것이다.

미래의 군인

아무리 사악한 지도자라도 어린이들을 폭격의 과녁으로 삼을 수는 없다고 생각했다. 오늘의 아이들은 내일의 군인이다. 그러므로 어릴 때 확실히 잡아 둬야 한다. 적의 어린이라면 자라서 적군이 되기 전에 제거하는 게 좋다. 우리편 어린이라면 증오와 살인과 명령에 복종하는 태도를 길러 줘야 한다. 2차 대전 때 아돌프 히틀러와 나치 추종자들의 생각이 바로 그랬다. 1930년대에 히틀러 소년단은 훌륭한 나치가 되는 법을 배웠다. 그들은 히틀러를 위해 거리를 행진했고, 시민들을 공포에 몰아넣었다. 그들은 전투하는 법을 배웠으며, 히틀러의 나치 당을 선전하는 전단을 뿌렸다. 또한 그들은 자신들의 뜻에 따르지 않는 독일 국민들을 어떻게 처리하는지를 배웠다.

그러나 그들도 항상 이긴 것은 아니었다. 1931년과 1932년에 싸움을 벌였던 히틀러 소년 단원 21명이 죽었다(하지만 그들이 몇 명을 죽였는지는 기록에 없다!). 히틀러 소년단은 어른들의 모임도 공격했다.

1933년에 히틀러는 독일의 지도자가 되었고, 히틀러 소년단은 악취탄 대신 가짜 폭탄을 들고 이웃 마을의 히틀러 소년단과 모의 전투를 벌였다. 독일은 1차 세계 대전(1914~1918)에서 패배했다. 2차 세계 대전을 준비하고 있는 히틀러에게 이 젊은 전사들은 장차 무자비한 살육자가 되어 줄 터였다.

1938년, 그들은 증오심을 발휘하는 연습을 했다. 유대 인의 집을 습격하고 유대 교회를 불태우는 데 참여한 것이다.

요건 몰랐지?

1548년에 영국의 보드민 학교에서는 가톨릭 교를 믿는 학생들과 신교도 학생들 사이에 싸움이 벌어졌다. 그때 어느 소년이 촛대를 총으로 삼아 화약을 장전하고 돌멩이를 발사했다. 먼저 송아지에 시험해 보았는데, 송아지를 죽일 만큼 위력이 있었다. 소년은 교사에게 두드려맞고 '전쟁'은 끝났다. 송아지는 아마 사람들이 나눠 먹었을 것이다.

1939년에 전쟁이 일어났을 때 독일의 히틀러 소년단에는 참전할 연령의 청소년들이 800만 명이나 있었다. 소녀들은 방어, 소방, 사격 등을 훈련받았다. 강인한 그들은 발이 부르틀 때까지 행군했다.

싸우기에 너무 어린 소년들에게는 다른 매력적인 임무가 주어졌는데……

전쟁이 계속되면서 독일의 군인들은 점점 더 많이 죽었다. 그러자 소년들이 기관총을 들고 영국과 미국의 폭격기를 향해 사격했다. 군복을 입긴 했지만 그들은 너무 어렸다.

1944년에 영국군과 미국군은 프랑스에 상륙하여 독일을 향해 진격했다.
그 때 히틀러 소년단은 전장으로 끌려가서 무수히 죽었다.
살아서 독일로 돌아온 수는 절반에 불과했다.

러시아가 동쪽 국경을 공격할 때 독일은 열두 살짜리 소년들까지 전장으로 내몰았다.

도망치면 바로 총살이야. 소년들이 총살당하는 걸 두고 볼 수밖에 없다니……

히틀러 소년단은 잔인한 싸움꾼들이야.
자기네 국민들도 마구 처형했다구.

아돌프 히틀러는 히틀러 소년단을 자랑스러워했다. 적군이 들이닥치기 전에 그는 자살하면서 이런 말을 남겼다.

나는 내 이름이 붙은 우리 소년단이 용감하게 싸웠다는 사실에
만족하며 기쁜 마음으로 죽는다.

그러나 히틀러는 미치광이였다. 훗날 히틀러 소년단원이
었다가 살아남은 사람은 이렇게 회고했다.

난 그저 두려움에 떠는 아이였어.

요건 몰랐지?

1945년에 '작은 꼬마'가 히로시마에서 14만 명
의 일본인을 죽였다. 미국은 히로시마에 원자탄
을 떨어뜨려 2차 세계 대전을 끝냈는데, 그 폭탄
의 이름이 바로 '작은 꼬마'였던 것이다. 어때? 기
발하면서도 끔찍하지?

역사 속의 대학살

역사 속에는 대학살이 여러 번 있었다. 전쟁의 승자는 수많은 사람들을 무자비하게 살육하곤 했다.

아돌프 히틀러는 1940년대에 유대 인 600만 명을 죽였지만 그가 처음은 아니다. 수백 년 전부터 그리스도 교도들은 유대 인을 죽였다(그리스도 교도들은 유대 인이 예수를 죽였기 때문이라는 이유를 들먹이지만, 예수도 유대 인이었다는 사실은 잊으려 한다.).

십자군은 팔레스타인의 적들을 죽이기 전에 이미 자기 나라에서 학살을 저질렀다(팔레스타인의 무슬림 전사들을 상대하기보다는 유럽의 약한 유대 인들을 죽이는 게 훨씬 쉬웠으니까.). 프랑스 엑스 지방의 알베르라는 사람은 독일에서 일어난 학살극을 목격했는데, 1125년에 그가 기록한 것을 보면 몸서리가 쳐진다.

센 강의 살육

그리스도 교도들은 유대 인이나 무슬림만 죽이지 않고 동료 그리스도 교도들도 무수히 죽였다. 16세기에 가톨릭과 신교로 나뉘었을 때, 그들은 상대방을 학살하기 시작했다. 어떤 지역에서는 500년이 지난 지금도 그런 일이 벌어지고 있다.

1572년에 프랑스의 가톨릭 교도들은 파리에서 신교의 지도자인 가스파르 드 콜리니를 살해할 음모를 꾸

여름이 시작될 무렵 십자군은 광기를 폭발시켜 여러 도시에 흩어져 사는 유대 인들을 마구잡이로 학살했다.

유대 인 학살은 쾰른 시민들이 먼저 시작했다. 갑자기 소수의 유대 인 집단에게 공격이 가해져 많은 유대 인들이 큰 부상을 입거나 죽었다. 사람들은 유대 인의 집과 유대 교회를 부수고 많은 돈을 나누어 가졌다.

이 잔인한 광경을 목격한 유대 인 약 200명은 밤을 틈타 조용히 배를 타고 노이스로 도피했다. 그러나 그들은 십자군에게 발각되어 재산을 모두 빼앗기고 한 명도 남김 없이 모조리 학살을 당했다.

몄다(물론 가난한 파리의 거추장스런 신교도들도 죽일 대상에 포함되었다.). 가톨릭 교도들은 팔에 흰색 완장을 둘러 실수로 자기 편을 해치는 일이 없도록 했다!

원래는 흰색이었는데 피가 묻어 붉은 완장이 되어 버렸어!

악!

이 도시의 유대 인들은 동포들이 학살당했다는 것을 알고 로타르 주교에게 가서 살려 달라고 했다. 그들은 보호의 대가로 많은 돈을 주었다. 그랬더니 그 훌륭한 주교는 유대 인들을 자기 집의 커다란 홀에 있게 해 주었다. 그 덕분에 유대 인들은 일단 마음을 놓을 수 있게 되었다.

그러나 이 일대에서 상당한 권세를 누리는 귀족 에미코 백작은 추종자들과 모의를 했다. 그들은 해가 뜨자 홀 안의 유대 인들을 화살과 창으로 공격했다. 그들은 빗장과 문을 부수고 들어가 약 700명의 유대 인을 죽였다.

유대 인들은 수백 명의 공격에 저항 한번 하지 못했다.

그들은 여자들도 죽였고, 힘없는 어린아이들에게까지 칼을 휘둘렀다.

또한 유대 인들은 부모, 자식, 형제, 자매가 서로를 죽이기도 했다. 그 광경은 말로 표현할 수 없을 만큼 끔찍했다. 어머니가 칼로 아기의 목을 베고 다른 식구들도 찔렀다.

십자군의 칼에 죽느니 자신들의 손으로 죽이는 게 낫다고 생각한 것이다.

물론 살인자들이 살인만 즐긴 것은 아니다. 희생자의 재산을 터는 것도 커다란 즐거움이었으니까.

가톨릭 교도들에게 학살 개시를 알리는 신호는 무엇이었을까? 바로 교회의 종소리였다(하느님이 퍽이나 좋아하셨겠다.).

가스파르 드 콜리니의 잘린 머리는 로마의 교황에게 보내졌다. 당시 가톨릭 교도들이 얼마나 많은 사람을 죽였는지에 관해서는 의견이 엇갈렸다. 가톨릭측에서는 신교도를 '불과' 2천 명 정도 죽였다고 주장했지만 신교도들은 7만 명이 학살되었다고 주장했다.

어느 쪽이 옳든 센 강에는 무수한 신교도들의 시신이 떠다녔다.

요건 몰랐지?

440년경, 훈 족의 왕 아틸라는 유고슬라비아의 도시 나이수스를 파괴했다. 강둑에 흘러넘친 시신으로 악취가 심해 그 뒤 오랫동안 그 도시에는 사람의 발길마저 끊겼다.

그런 게 바로 학살이다!

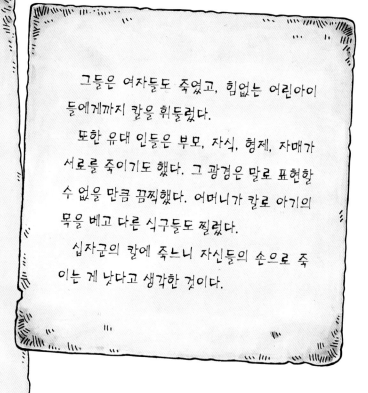

학살의 결실

학살도 이득이 있을까? 글쎄, 한 가지 정도는 있을 지도……

1859년에 앙리 뒤낭은 오스트리아와 프랑스–이탈리아 연합군이 싸우는 솔페리노 전투에 참가했다. 전투가 끝난 뒤 그는 4만여 명의 사상자들이 뒹구는 광경을 목격했다. 부상자를 돌보는 사람은 아무도 없었다.

여기에 앙리의 이야기를 소개한다. 그런데 우리 삽화가에게 빨간색 물감이 충분한지 모르겠다.

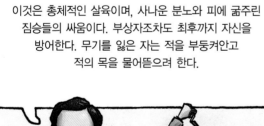

⑤ 한 병사는 턱이 깨졌고 다른 병사는 머리가 부서졌다.

⑥ 또다른 병사는 목숨을 구할 수도 있었지만 말발굽이 그의 가슴을 짓밟는다. 말의 사나운 울음 소리와 병사들의 분노에 찬 저주, 비명, 고통, 절망의 탄식이 뒤섞인다.

⑦ 뒤 이어 포를 실은 수레가 전사자와 부상자의 몸 위로 지나간다. 두개골이 깨지면서 뇌수가 흘러나온다. 팔 다리가 부러지고 으깨지며, 몸통이 형체도 없이 찢어진다.

⑧ 흙은 말 그대로 피에 흠뻑 젖어 있다. 전장은 형체를 알아보기 힘든 시신들로 가득하다.

그 전투 이후 앙리는 어느 나라를 위해서도 싸우지 않으려는 사람들을 조직하는 작업에 착수했다. 이들은 인종, 종교, 국적과 상관없이 모든 사람을 도우려는 목적을 가지고 있었다. 앙리가 조직한 '적십자'는 그 뒤 수많은 인명들을 구했다.

끔찍하기만 한 전쟁에서도 좋은 결과가 하나는 생긴 셈이다.

물론 적십자가 필요없는 게 가장 바람직하겠지만 적십자는 늘 필요했다. 지긋지긋한 전쟁이 사라지지 않는 한 적십자는 내내 필요할 것이다.

책을 덮으며

사람들은 끊임없이 다른 사람들에게 잔혹한 짓을 해 왔다. 원시 시대에도 그랬고 지금도 그렇다.

거 봐! 우리가 역사에서 배울 건 아무 것도 없다고 했잖아!

흔히 "거 봐!"라는 말을 들을 때는 기분이 상당히 나쁘다. 하지만 게오르크 헤겔이 옳았다는 건 인정할 수밖에 없다.

역사가 시작된 이래 인간은 늘 다른 인간을 못살게 굴고 들들 볶고 잡아먹었다. 지금도 세계 어느 지역에서는 그런 일이 벌어지고 있다. 우리는 역사에서 전혀 배울 게 없다. 인간은 돈 때문에, 혹은 그저 재미 삼아서 다른 인간을 때리고 부수고 짓밟았다.

하지만 잔혹한 인간인 우리는 잔혹한 역사에서 뭔가 배워야 한다! 로마 인들을 보자. 고대 로마에서는 사람을 십자가에 매달고, 곤죽을 만들고, 사자를 풀어 잡아먹게 했다. 지금은 어느 곳에서도 이런 일이 없다. 왜? 로마 인들의 그 잔혹한 역사에 관해 많은 기록이 전해졌기 때문이다. 사람들은 충격을 받았다.

역사에 등장하는 괴물 같기만 한 다른 여러 민족들도 우리에게 충격을 주었다. 예를 들어 바이킹은 죄 없는 늙은 수도사들을 패 죽였는가 하면 나치는 유대 인이라는 이유만으로 무고한 사람들을 수백만이나 학살했다.

이 잔혹한 역사에서 배울 게 있다면 사태를 변화시켜야 한다는 것이다. 나치의 테러가 끝난 뒤 많은 기념비에는 다음의 문구가 새겨졌다.

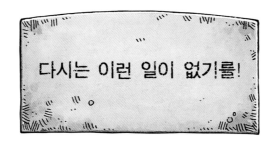

다시는 이런 일이 없기를!

게오르크 헤겔이 지금 살아 있다면 그는 자신의 말을 이렇게 바꾸었을지도 모르겠다.

우리가 역사에서 배울 건 아무 것도 없다. 〔······〕 그러나
『잔혹한 세계사』에서는 아주 많은 것을 배울 수 있다!

이제 이 책의 처음에 제기했던 질문에 대한 답을 알 것이다. 여러분은 이 책을 왜 읽는가? 여러분은 이렇게 대답할 수 있다. "두 번 다시 그런 일이 일어나지 않도록 하기 위해!"

세계에서는 여전히 잔혹한 일이 많이 벌어진다. 이 책을 읽는 어린이 여러분의 앞날에는 어떤 일이 있을까?

우리에게 달려 있어!

아이 열전

'역사'는 사실 잔혹하지 않다. 잔혹한 것은 '인간'이다. 다음에 소개하는 악인들은 50명이지만, 그들의 이야기만으로도 아마 수백여 권의 책들을 채우고도 남을 것이다.

드라콘
그리스의 지도자, 기원전 600년경.

드라콘은 시소한 죄를 지은 사람도 저항하는 아주 독한 벌을 제정했다. 그는 이렇게 말했다. "무거운 죄든 죽음보다 더 큰 형벌을 받아야 마땅하다. 그런 형벌이 있었으면 좋겠는데"

아슈르바니르팔
아시리아 왕, 기원전 883~859년.

아슈르바니르팔은 반대편 영토를 공포로 다스렸다. 그는 포로로 잡은 적을 노예로 삼아 넘치도록 화려한 궁전을 지었는데, 심심하면 노예들의 가죽을 산 채로 벗기곤 했다.

네안데르탈 인
초기 인류, 약 3만 년 전.

동족을 잡아먹는 못된 습관을 가졌으니 멸종한 것도 당연하다. 그러나 새로운 증거에 따르면 네안데르탈 인은 지금도 살아 있다고 한다. 그 최후의 네안데르탈을 인온 더럽고 낡은 옷을 입고 중학교에서 역사를 가르치고 있다고...

알렉산드로스 대왕
세계 정복자, 기원전 356~323년.

그의 동생 필리포스는 형이 목숨을 구해 준 적이 있었다. 그러나 훗날 알렉산드로스는 동생을 창으로 찔러 죽였다. 그가 왕위를 차지하기 위해 이버지까지 죽였다는 설도 있다. 그도 포로주를 너무 많이 마셔서 죽었다. 그렇다면 알렉산드로스 대왕을 '알렉산드로스 포도대장' 이라고 불러야 할도 좋겠다.

아그리피나
로마의 황후, 15~59년.

아그리피나는 클라우디우스 황제와 결혼했는데, 남편이 자신에게 싫증을 내자 남편을 독살했다. 그 뒤 아들 네로를 황제로 만들어 제국을 다스렸다. 그러나 결국 아들 네로에게 살해당했다. "미안해, 엄마."

클레오파트라 7세
이집트의 여왕, 기원전 69~30년.

그녀는 어린 동생 프톨레마이오스 13세와 함께 이집트를 다스렸으나 나중에 동생은 물에 빠져 죽었다. 클레오파트라는 다른 동생인 프톨레마이오스 14세와 또 결혼을 했는데, 그도 어떻게 되었을까? 프톨레마이오스도 죽었다 독살.

헤로데 왕
유대의 왕, 기원전 73~4년.

그의 재위 기간 알기는 공포 정치의 시대였다. 성서에 따르면 그는 아기 예수를 죽이기 위해 베들레헴에서 태어난 모든 아기들을 죽였는데, 그도 어떻게 되었을까? 살해당했다. 누가 배후에서 조종했는지는 안 봐도 빤하다.

에카테리나 2세
러시아의 여제, 1729~1796년.

에카테리나는 러시아의 황제의 부인이었지만, 제위에 더 매력을 느꼈다. 그래서 반란을 일으켜 권력을 잡았행고, 남편은 나중에 살해 당했다.

윌리엄 버크
스코틀랜드의 송장 도둑, 1792~1829년.

송장 도둑이란 시체를 훔쳐 의사에게 해부용으로 파는 자를 가리킨다. 그러나 버크와 그의 동업자인 헤어는 너무도 게을렀다. 그 래서 그들은 하숙집을 얻고 잠자는 손님을 시체로 만들어 팔았다. 버크는 교수형을 당했으니 여러분은 발 뻗고 자도 된다.

윌리엄 서먼
미국의 장군, 1820~1891년.

미국의 이주민들을 이끌고 아메리카 인디언 원주민들을 소탕했다. 그는 다른 "인디언들을 보면 볼수록 죽여 야겠다는 각오를 다진다." 고 말 했었다. 문제는 이 냉혹한 장군이 말을 마크인들이 끝이간조로 만들었다는 것이다. 심지어 지금까지도 사람들이 만드는 사람들 이 있다.

에드워드 티치 (검은 수염)
해적, 1680~1718년.

카리브 해를 공포로 몰아넣은 그는 검은 수염을 덥고 리본으로 장식했다. 또한 불을 붙인 성냥을 모자 안에 넣고 다녔으므로 그가 생전 돌을 이 리저리 휘두르는 모습은 마치 연기나는 무슨 걸이지 값었을 것이다.

샤카
줄루 족의 족장, 1787~1828년.

샤카는 아내가 1,200명이나 되었지만 아이를 낳으면 무조건 죽여 버렸다. 그의 병사들은 전투 훈련이 힘들 었고 한 가져오면든 ... 하는 시소한 잘못 이 저질러도 처형을 당 했다. 그의 '공포 정치'에 수많은 사람 들이 희생되었고, 결국 그는 형제들의 손 에 살해당했다.

마흐디
수단의 지배자, 1844~1885년.

그는 술을 마시거나 욕을 하는 사 람도 사형에 처한 엄격한 지배자 였다(여러분의 가정에서 살아남을 사람은 몇이나 될까?). 그가 거느린 '수도사들의 군대'는 이집트 직군을 여 러 번 물게 만들었다. 전쟁에서 이집트 병사들을 빨리 죽기 위해 기번히 누워 있기만 했다.

시바지
인도의 지배자, 1630~1680년.

전세란의 이들이었던 시바지는 일 찍부터 강도질을 시작했다. 무굴 제 국의 군대가 그를 잡으러 오자 그 는 평화협상을 하자고 제안했 다. 그러나 협상 자리에 나온 무굴 제국의 대표를 잔인하게 죽인 후 그는 손톱에 붙인 호 랑이 발톱으로 적을 죽여 버렸다. 아주 훌륭한 무기지?

와일리 하포
미국의 강도, ?~1799년.

와일리 하포와 그의 강도단은 잔재 전았앴다. 그들은 한 소년에게서 밀 가루 한 자루를 빼앗고서 갑을 막 기 위해 소년을 살해했다. 나중에 와일리가 잠했을 때, 그는 자신의 갑로 천천히 목이 베어졌다. 와일리 하포는 저승에 가서도 하프를 연주하 지는 않았을 거다.

프란시스코 로페스
파라과이의 지배자, 1826~1870년.

로페스는 남아메리카의 '나폴레옹' 이라고 자처했다. 그러나 승산 없 는 전투에 군대를 보냈다가 모두 잃었다. 그가 권좌에 있는 동안 파라과이의 국민은 133만 7천 명 에서 22만 1천 명으로 줄었다.

매튜 홉킨스
영국의 마녀 색출꾼, ?~1647년.

홉킨스는 마녀를 색출하는 일로 먹고 살았다. 하지만 그는 주로 가짓말과 손수를 써서 노인이나 약 한 여자들을 마녀로 만들었다. 그 는 무려 400명의 여자들을 마녀 로 처형했던 셈이다(당 마다 한 명씩 처형한 셈이다). 결국 자신도 마녀로 처형당했는데, 마녀의 마법에 걸 려 죽었다고 한다. 마녀의 그 자신도 단두대에 희생되었다.

막시밀리앙 로베스피에르
프랑스의 지도자, 1758~1794년.

프랑스 혁명에서 로베스피에르는 공포 정치를 이끌었다. 불과 6주일 동안에 1,285명이 단두대로 끌려갔으니 20분 마다 한 명씩 처형된 셈이다(덤 에도 차례가 있었다). 결국 막 시밀리앙 로베스피에르 자신도 단두대에 희생되었다.

라나발로나 1세
마다가스카르의 여왕, 1790~1861년.

라나발로나는 자기 나라 안에 그리스도 교가 있는 것을 참지 못했다. 그래서 그리스도 교도들을 높이 50미터 높이의 절벽에 밧줄 로 매달고 "여왕이 신을 숭배하 느냐, 그리스도를 숭배하느냐?" 고 물었다. 그리스도라고 대답하면 밧줄이 끊겼다.

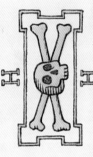

A. G. 헌터 웨스턴

1차 세계 대전의 장군, 1864~1940년

그는 병사들을 전장에 보내 놓고, 양측의 장군들이 대부분 그랬듯이 얼마나 전사했는지 신경조차 쓰지 않았다. "모든 병사는 퇴각하기보다 한 위치에서 죽음을 각오를 해야 한다." 는 그의 말이었다. 영국군 병사들이 죽은 건 직접 때문이 아니라 전안한 장군들 때문이다.

리지 보든

미국의 도끼 살해범, 1860~1927년

리지는 32세 때 자기 아버지와 새어머니를 도끼로 때려 죽여서 기소되었다. 모든 증거가 그녀에게 불리했으나 리지는 무죄 판결을 받고 석방되었다. 때문에 그는 죽은 아버지의 재산으로 행복하게 살았다. 죄에는 대가가 따른다고 누가 말했던가?

그리고리 라스푸틴

러시아의 수도사, 1869~1916년

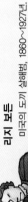

러시아 왕실은 이 미친 수도사를 좋게 보고 그에게 점점 더 큰 권력을 쥐어 주었다. 결국 그는 러시아를 파멸의 길로 몰고 갔다. 그의 적들은 그를 독살하고, 총으로 쏘고, 몸에 돌을 매달아 얼어붙은 강물에 던져 간신히 죽일 수 있었다.

레오폴드 2세

벨기에의 왕, 1835~1909년

그는 아프리카 식민지에서 돈을 짜내려는 데만 혈안이었던 무자비한 군주였다. 그의 병사들은 아프리카 인들을 공포로 다스렸다. 반항의 코·귀·손을 자르고, 여자와 아이들에게도 총격을 가했다. 물론 모두 레오폴드를 세계 최고의 부자로 만들기 위한 일이었다.

일자 코흐

독일의 고문가, 1906~1967년

아우슈비츠에서 아돌프 히틀러에 이르기까지 사악한 지배자들은 많다. "우리 인을 박멸하라." 고 외친 것은 히틀러였으나 실제로 그 일을 집행한 것은 일자 코흐처럼 역사에서 흔히 볼 수 있는 '보통 사람들' 이었다. 우리 주변의 평범한 사람들도 얼마든지 가장 잔혹한 사람이 될 수 있는 것이다.

아돌프 히틀러

독일의 지배자, 1889~1945년

독일이 1차 세계 대전에서 패배하자 히틀러는 그게 유대 인들 때문이라고 말했고 독일인들은 그의 말을 믿었다. 그는 또 유대 인을 죽이는 게 해답이라고 말했고 독일인들은 그의 말을 믿었다. 그래서 600만 명의 유대 인이 죽었다. 히틀러는 전쟁에서 패배하고 권총으로 자살했다. 20년 전에 그랬더라면 좋았을 것을.

요시프 스탈린

러시아의 지배자, 1879~1953년

역사상 가장 잔인한 살인자다. 5천만 명을 죽였다고 전해지는데, 대부분이 러시아 국민이었다! 스탈린의 비밀경찰과 군대는 모든 반대파를 소탕했다. 그러나 2차 세계 대전에서 승리한 덕분에 얼마든지 그를 그냥 내버려 두었다.